JN418343

같이 걷는 사람들

같이 걷는 사람들

이형숙 수필집

수필과비평사

작가의 말

쓰지 않으면 안 될 필연이라도 있는 듯, 쓰고 지우고 또 썼던 것들을 묶어 보았다. 첫 번째보다 더 작아지는 마음으로 망설이다 계절을 넘겼다. 애쓰는 만큼 돌려받지 못하는 일인데, 아무것도 아닌 게 되기도 하는데, 가만히 넣어두지 못하고 왜 밖에 내놓으려 하느냐고 묻는 내 안의 소리가 크게 들려오기도 했었다.

사람이 그리울 때, 잠재울 수 없는 생각들 때문에 내가 나를 벗 삼아 자판을 두들기던 날들을 떠올렸다. 안 쓰는 외로움을 견디기보다는 쓰는 게 쉬웠다. 메아리도 되지 못할 것들이지만 자식 같아서, 아무것도 아닌 것들이 되어버릴 것 같아서 밝은 햇볕에 내놓기로 결심했지만, 두려움인지 부끄러움인지 모를 것이 가슴을 누른다. 언젠가 다듬어서 세상에 내보내리라 마음먹었던 그날이 지금인지 모르겠다.

낯가림이 심한 내가 혼자만의 공간을 오가면서 만난 수필 쓰기. 흐를수록 깊이를 더하는 강물처럼 내 글도 가만가만 깊어지는 날을 꿈꾸었다. 잘 익은 술처럼 그윽한 향기 나는 글이었으면 하는 바람으로. 갈수록 나아지는 글을 보는 기쁨은 깊은 사유와 오랜 연습과 반복을 거듭해야 주어지는 선물임을 새삼 깨닫는다.

나를 이해하고 믿어 주는 사람들이 곁에 있음은 축복이었다. 첫 번째 독자가 되어주고 믿어 준 사람들에게 감사의 마음 전하고 싶다.

느지막하게 만난 수필 쓰기. 여태 그랬던 것처럼 늦은 밤 홀로 앉아 자판을 두드릴 것이다. 아무도 오지 않는 나만의 글밭을 거닐면서.

2021년 9월

이 형 숙

차례

2부

시간의 흔적들

3부

풍경 그 너머

4부

알곡 하나를 얻다

5부

잠재울 수 없는 생각들

6부

바람이 불어 오는 곳

평설

1부

함께 산다는 것

같이 걸어요

헐렁한 환자복을 입은 그가 낯설다. 잠들었던 그가 깨어 두리번거리다 다시 눈을 감는다. 함께 아파하는 사람이 옆에 있다는 것만으로 통증에서 한걸음 물러설 수 있는가 싶다.

숨 가빴던 하루가 어둠에 잠겼다. 칸막이 너머 침대에서 뒤척이는 소리가 무겁게 내려앉는다. 링거 대에 걸린 액체가 한 방울씩 혈관을 타고 흘러내리는 소리가 들릴 것만 같은 병실에 앉아 그의 잠든 얼굴을 본다. 바쁜 일상에 묻혀 사느라 오롯이 그 얼굴을 바라본 적이 언제였는지 기억이 없다.

복도를 오가는 누군가의 발걸음 소리가 아득히 먼 세상 소리처럼 들려온다.

이른 새벽 구급차가 내지르던 사이렌 소리가 꿈속처럼 아련하다.

대낮처럼 환하게 불 밝힌 응급실은 삶과 죽음의 경계선이 혼란스럽게 존재하는 곳이었다. 다급하게 실려 온 남자의 울부짖는 소리에 정신이 아득해지고 극심한 통증과 맞선 인간의 본능적인 소리가 여과 없이 병실을 흔들어 대는 곳이었다. 금방이라도 멎을 것만 같은 가쁜 숨소리와 다급하게 울리는 전화 벨소리는 귀를 틀어막고 싶은 심정이었다. 생존의 이쪽과 저쪽을 가르는 절박한 순간들이 이른 새벽 낯선 곳을 채우고, 침대 사이를 누비는 의사와 간호사의 발걸음 소리만큼이나 삶의 순간들이 비명소리와 함께 숨 가쁘게 이어지는 곳, 지옥이 있다면 바로 이런 곳이 아닐까 싶었다.

가까스로 입원 절차를 마치고 병실을 배정받을 수 있었다. 중추신경을 건드린 급성염증을 수술하지 않고 일단 치료해 보자는 말을 했다. 비명을 지를 수밖에 없는 심한 통증을 동반하는 증세를 잘 견뎠다는 의사의 말에 눈물이 핑 돌았다. 온몸이 땀에 젖었던 그가 삼켰을 비명 소리를 미처 알아듣지 못했던 순간이 가슴을 누른다.

며칠 지나 통증이 가시자 걷기 연습을 시작했다. 링거 대를 한 손으로 끌며 그가 조심스럽게 한 걸음씩 내디뎠다. 가다가 멈춰서기를 반복하면서 복도 끝에서 되돌아오는 목표지점에 내가 서 있었다. 그랬다. 우리는 함께 살아오는 동안 언제나 서로를 향해 있었다. 어디에 가 있어도 돌아와야 할 곳에 그가 있었고 내가 있었다.

벽에 기대어 창밖을 바라보는 그의 눈길에 내 눈을 포개어 보았다. 바깥은 이제 막 석양빛으로 물들어가고 있었다. 네모난 창에 비치는 그의 옆모습이 액자 속에 든 그림 한 장이다. 앞모습만 보면서 우리는 하나라고 여기며 살아왔다. 서로 감정이 얽히던 균열된 시간도 서로를 바라보았다. 앞모습과 뒷모습이 반반 들어앉은 그의 옆모습이 새삼스럽다.

풍경이 된 그와 함께 살아온 날들이 보인다. 무겁게 지고 달리는 그의 어깨는 늘 과적한 자동차였다. 당연한 듯 짊어진 삶의 무게를 나눠질 수 있는 사람이 아무도 없었다. 그가 안쓰러워 바라볼 때마다 심장 깊숙이 쇠기둥 하나 박혀 있는 것 같았다. 무너지지 않으려 힘을 쓸수록 낡아가는 몸이 비명을 질렀을 텐데, 참고 견디며 홀로 외로웠으리라.

인적이 드문 밤거리에서 풍선 인형의 춤을 본 적이 있다. 바람에 흔들리는 인형이 쓰러질 것만 같았다. 쓰러질듯 다시 일어서면서 어둠 속에서 춤을 추고 있었다. 허망한 춤은 스쳐 지나가는 작은 바람에도 흔들리고 있었다. 바람은 춤꾼이었다. 어둠 속에서 잠자는 가로수 잎도 깨우고 바닥을 뒹구는 부러진 나뭇가지도 깨워 함께 춤을 추었다. 거센 바람에 맞서기보다는 부러지지 않으려 바람 따라 춤을 춰야 했던 그의 모습을 보던 밤이었다.

돌아보면 그와 내가 살아온 지난날은 흔들릴지언정 쓰러지지 않으려 바람과 함께 춤을 추던 날이었다. 바람은 지나간 자리에 크고 작은 상처를 남겼지만 흔들리는 만큼 우리는 단단해졌고 뿌리는 깊이를 더했다. 실뿌리 같았던 우리를 굵고 단단하게 키워 준 것은 세상의 바람이었다. 산다는 것은 쉴 틈 없이 불어오는 크고 작은 바람에 흔들리면서 조금씩 성숙해가는 것이었다.

며칠 만에 그의 눈자위가 깊어지고 눈가에 주름도 늘었다.

"같이 걸어요."

복도 끝을 향해 반걸음씩 내딛는 그를 따라 천천히 걸었다. 길이 보이지 않아 막막할 때 우리가 주고받던 말이다. 주저앉고 싶을 때 서로 손 내밀어 이끌며 어렵게 발걸음을 내딛던 그 한마디가 오랜 시간 동안 먼 바다를 돌아 다시 내 앞에 마주 선 느낌이다.

하룻밤 사이에 겨울은 올 수 있었다. 얼마나 많은 일에 놀라고 눈물을 흘려야 할지 알 수 없다. 해 질 무렵은 한낮에 보이지 않던 것들이 눈에 띄는 성찰의 시간이기도 하다. 한낮의 부산함을 접고 무대 뒤의 시간을 즐길 수 있는 이 시간이 더없이 감사하다. 서로를 믿고 의지하며 견디고 살아온 날들이 진정 신이 허락하신 귀한 시간임을 깨닫는다.

저만치 보이는 복도 끝에서 돌아와 다시 시작점에 섰다. 한 박자 느려도 괜찮다. 반걸음씩 함께 걸었다. 이 시간에 닿기 위해 둘이서 걸어왔던 수많은 시간보다 편안하고 여유롭다. 석양이 물든 아름다운 길을 천천히 같이 걸어갈 것이다.

고추 모종

종묘상 앞에서 걸음을 멈추었다. 여러 가지 모종이 즐비하게 놓여 있는 곳이다. 물만 잘 주면 여름내 싱싱한 고추를 따 먹을 수 있다는 친구의 말이 떠올랐다. 기르는 재미와 싱싱한 풋고추를 금방 따서 된장에 찍어 먹는 행복한 상상을 했다.

친구의 집 베란다에는 화초도 많지만, 여름이면 한쪽에 심어놓은 풋고추와 부추, 상추가 풍성하다. 지난해 여름에도 텃밭에서 금방 따온 것이라며 점심을 차려주었었다. 초록으로 차려진 식탁이 얼마나 풍성하고 맛있던지…. 잊을 수가 없다.

매운맛과 순한맛 다섯 포기씩 열 포기를 종이가방에 넣어 모시듯 서울로 가져 왔다. 길쭉하고 네모난 화분 2개와 꽃삽, 물뿌리개를 준비하고, 흙은 구할 수가 없어 마트에서 구입했다. 부산을 떠는 내게 남편은 물었다.

"어떤 놈이 매운 놈인가?"

매운맛을 좋아하는 남편은 이미 밥상에 오를 풋고추를 생각하고 있었을 것이다.

화분 2개에 다섯 포기씩 심어 거실에 놓고 오며 가며 들여다보았다. 닷새가 지났는데 시들 배들 기운을 차리지 못했다. 가느다란 허리를 곧게 펴고 서기에는 아직 시간이 필요하리라 여겼다. 보름이 지나 뿌리가 안정되면 베란다에 내놓을 생각이었다. 친구의 말을 새기며 애써 걱정을 내려놓고 물을 주며 보살폈지만, 점점 시들더니 아무도 모르게 주저앉고 말았다. 진초록 윤기가 흐르는 풋고추에 대한 환상은 무참히 깨져버렸다. 물만 잘 주면 자란다고 쉽게 말하던 그녀를 몇 번이나 떠올렸는지 모른다.

그녀는 일찍 남편을 여의고 아들딸 다섯을 혼자 힘으로 키웠다. 어엿한 사회인이 되어 제 몫을 다하는 아이들은 홀어머니를 극진히 모시는 효자들이다. 가까이 살면서 엄마와 여행을 하고 맛집도 찾아다니는 아들딸 덕분에 그녀는 심심할 겨를이 없다. 해외여행은 물론이고 계절 따라 가볼만한 관광지는 안 가본 곳이 없을 것이다. 어렵다는 자식 농사 잘 지은 그녀를 주위 사람들은 부러운 눈으로 바라본다.

그녀의 자식 농사는 방목이라는 단어가 어울린다. 초원을 달리는 야생 동물은 뛰어넘을 수 없는 곳에 다다르면 될 때까지 반복해서

도전한다. 더러는 주저앉기도 하지만 목적을 이루고 제자리에 돌아올 때까지 어미는 조용히 기다린다. 생존의 방법과 독립심을 키워주는 어미의 가르침이다.

좁은 공간에서 아이 다섯을 키우면서 걱정하는 것을 본 적이 없다. 조바심치면서 잔소리로 다그치기보다는 스스로 고민하고 해결하도록 지켜보고 기다린다. 저절로 자라는 것 같아 보여도 아이들은 엄마의 바윗돌 같은 사랑과 믿음을 딛고 서 있었을 것이다. 그녀는 아이들에게 해 줄 수 있는 게 없다고 했지만 아무나 따라 할 수 없는 그녀만의 자식 농사 방법이었다.

아이들 걱정을 하면 "품 안에 끼고 돌면 애 버린다."하며 오히려 나를 나무라듯 했었다. 믿는 만큼 아이들은 키도 자라고 몸도 자라고 꿈도 자란다고 했다.

살아남은 한 포기가 기적처럼 하얀 꽃을 피우더니 그 자리에 손톱만 한 고추 두 개가 열렸다. Y자로 된 방아다리에 매달린 것은 따줘야 열매가 잘 열린다는 말을 들었건만 차마 따내지 못했다. 베란다에 두지 못하고 시원한 거실에서 잠재우고 매일 아침 들여다보다가 남은 한 포기마저 잃고 말았다.

어린 모종이 새로운 땅과 친숙해지고 그 숨결에 몸을 맡길 수 있게 지켜보면 되는 것인데, 지나친 애정만으로 되는 일이 아니었다. 스스로 힘을 얻을 때까지 추위도 더위도 싸워 이겨내야 하는 것을, 애지중지하며 밖에 내놓지도 못했었다. 옆에 두고 선풍기를 틀어놓기도 하고 마를 새 없이 물을 주었다. 빨리 자라기를 바란 내 마음은 강물더러 빨리 흘러 가라고 등을 떠민 것이나 다름없었다. 고추 모종은 한 발 떨어져 지켜봐 주는 것만으로 건강하게 자랄 수 있었는데….

자식 농사도 한 발 뒤로 물러서 바라보는 물리적인 거리가 필요한 것인가 싶다. 바람 불면 쓰러질까 추운 날 더운 날 걱정하는 부모의 일방적인 사랑을 자식들은 간섭이라 여길 수도 있음이다. 멈추어야 할 사랑도 있다. 그 부담스러운 사랑의 끝을 인식하지 못하고 퍼붓는 자식 사랑은 부메랑이 되어 나를 아프게 할 수도 있다. 들꽃처럼 강하게 키워 세상에 필요한 사람으로 키워냈으면 부모의 역할은 다 한 셈이다. 멀리 두고 지켜보는 사랑, 평범한 진리다.

빨간 고추가 돗자리에 누워 온몸을 뒤척이는 초가을이다. 하늘을 마주하지 못했던 시간을 돌아보며 태양의 열기에 물기를 내뱉는다. 길쭉한 주머니 속 노란 동전이 사그락사그락 겨울 아침 눈 밟는 소리를 낼 때까지 더 붉고 더 투명해질 것이다. 놓쳐버린 고추 모종 열 포기가 상실감으로 남아 있다. 그녀의 집 베란다 텃밭에 앙증맞게 매달린 빨간 고추 몇 개가 눈에 어른거린다.

귀환

충동만으로 떠날 수 없는 게 여행이다. 수시로 마음을 다독이고 근질거리는 날개를 접어야 하는 경우도 많다. 집이 일터라는 생각이 들 때, 해치워야 할 묵은 일들이 나를 따라다니며 놓아주지 않을 때, 기력과 의지는 땅바닥을 기는데 수레를 멈춰 세울 수 없을 때, 풀리지 않는 삶의 일상적인 문제들과 맞서다 나자빠질 때, 도망치듯 훨훨 떠나고 싶어지는 때에 간절하게 여행을 떠올리곤 한다.

부산 앞바다는 짙은 회색빛으로 우리를 맞이해 주었다. 수북한 나이를 앞세운 여자 셋의 느닷없는 발걸음에 놀란 수평선은 짙은 안개 속에 몸을 숨겨버렸다. 바다와 하늘의 경계가 무너진 아득한 곳에 전설 하나 숨겨져 있을 것만 같았다. 동백섬도 보일 듯 말듯 안개비 속에 숨어 있었다.

우산을 받쳐들고 걷는 해변에 생각지도 않은 빛의 축제가 펼쳐지고 있었다. 축축하게 젖은 모래사장이 무대로 변하고 저 멀리 불빛은 형형색색 마법의 성을 짓고 그 안에서 빛과 함께 수많은 이야기를 쏟아내고 있었다. 음악이 바뀌어 〈겨울왕국〉의 공주 엘사와 안나의 노래가 흘러나온다. 높이 선 고층빌딩 벽에는 영화에서 본 장면들이 눈을 돌릴 수 없게 한다. 점점 거세지는 빗줄기 속에서 파도는 밤의 요정처럼 동화 속에서 달려 나왔다가 하얗게 부서지고 있었다. 초대받지 못한 나그네는 축제 언저리만 맴돌다 숙소로 향했다.

소설가 무라카미 하루키의《달리기를 말할 때 내가 하고 싶은 말》을 읽었다. 절대 걷지 않고 끝까지 달리는 게 목표인 그는 매일 몇십 킬로미터의 긴 코스를 달린다. 주위의 풍경을 구경하고 사색에 잠기기도 하면서 긴 시간 달리다 보면 내면을 응시하게 되는 '러너스 하이'를 경험하게 된다고 한다. 몸은 지치고 힘들어도 정신은 또렷하게 맑아지면서 자신을 들볶던 문제의 본질에 집중하게 되는 순간이다. 깊은 우물 속 같은 내면의 바닥을 들여다보는 극적이고 멋진 경험을 하게 된다는 것이다. 그의 달리기처럼 새로운 힘을 축적하고 자기 성찰의 순간에 몰입하고 싶은 충동은 내게 근질거리는 날개 위에 여행이라는 두 글자를 얹어 놓곤 했었다. 한 번쯤 나를 에워싼 한계 밖으로 벗어나 자기만의 시간을 가져 보라고 그가 내게 속삭이곤 했었다.

비는 폭우로 변하고 어두운 바다 위에 거친 바람이 일렁거렸다.

바다 냄새가 섞인 비바람은 높은 파도를 일으키며 여행자를 방안에 가두어 버리고 말았다. 할 수만 있다면 하늘 한쪽을 걷어내 버리고 그 안에 든 세상의 비를 다 쏟아내 버리고 싶었다.

젖어버린 회색빛 세상은 여행자의 들뜬 마음을 밑바닥으로 끌어내렸다. 어렵게 떠나온 여행은 기대와는 다른 시간 속으로 흘러가고 낯선 바다를 배회하는 새처럼 젖은 날개를 접어야 했다. 쓸쓸하게 가라앉은 마음은 두고 온 삶의 언저리를 자꾸만 돌아보게 했다. 경험해 본 적 없는 쓸쓸함을 씹어야 했다. 비는 그리움을 부르고 남겨두고 온 존재들의 시간을 시시각각 더듬게 했고 그리움의 부피를 점점 키웠다. 어렵게 떠나온 귀한 시간, 바다를 마주하며 오롯이 나만의 시간에 몰입해 보고 싶었던 바람도, 무겁게만 느껴지던 삶의 순간들이 깃털처럼 가벼워지리라는 기대도 파도가 실어 가 버렸다.

세찬 바람 한 줄기가 창문을 두드리며 집 떠나온 세 여인의 마음을 흔들어 놓았다.

"같이 왔더라면…." 내 마음을 들여다 본 듯, 누군가의 입에서 한숨처럼 흘러나온 한마디. 하루키처럼 심연을 헤집어 놓는 가슴 뛰는 깨달음은 없었지만 떠나봐야 더욱 소중해지는 것들이 선명하게 보이던 순간이었다. 내가 서 있어야 할 곳, 나를 존재하게 하는 것들이 손으로 만지듯 투명하게 다가왔다.

가끔은 제자리를 잃은 감정들이 뒤틀려 상처를 주기도 하고 또 받는 곳, 그 얼룩진 감정과 기억들이 날줄과 씨줄처럼 촘촘히 엮인 채 풍경을 이루는 곳, 내 삶의 들숨과 날숨이 진하게 배어있는 곳, 지워지지 않는 온갖 기억과 얼룩들이 들러붙어 있는 그곳은 내 집…. 나와 내가 사랑하는 사람들의 진한 체취가 배어있는 견고한 나의 성城이다.

먼바다 위에 회색빛 구름은 힘든 밤을 새우고도 그 자리에 그대로 머물러 있었다. 즐거움과 해방감을 느낄 수 없었던 여행. 셋이 느끼는 그리움의 크기는 다르지 않았다. 짐 챙기는 손길보다 마음이 앞서가고 있었다. 바다는 그렇게 우리를 몰아내고 있었다.

여행이라는 두 글자는 낭만이라는 의미를 담고 언제나 나를 설레게 한다. 건들기만 해도 낯선 곳을 향해 떠나고 싶은 유혹에 흔들리곤 한다. 어느 때 어느 바람에 날개를 달고 다시 날아오를지 모를 일이다.

립스틱과 여인

나는 날마다 화장을 한다. 호수에 비친 자신의 모습을 바라보다 물에 빠진 나르키소스처럼 거울 속 내 얼굴을 들여다본다. 타인의 눈이 되어 자신을 진지하게 바라보는 순간이기도 하다.

오랜만에 서울역에서 선배를 만났다. 활짝 웃는 빨간 입술이 화사하다. 생각해 보니 그녀의 입술은 언제 어디서나 불변의 빨간색이었다. 지워지면 하루에도 몇 번씩 덧바른다. 돋보기를 써야만 식당 메뉴를 읽고 금세 들었던 이야기도 돌아서면 잊어버린다고 탄식하면서도 립스틱은 빠트리지 않고 챙긴다. 만나지 못한 동안 머리가 하얘져 있었다.

"후지산에 눈이 내린 거야."

그러고 보니 눈 덮인 후지산 때문에 입술이 더 빨갛게 보이는가 싶다. 지하철을 타도 경로석에 앉지 않는다. 나이를 드러내는 의자에 앉고 싶지 않다고 했다. 머리가 하얀 여인이 서 있는 게 불편한지 주위 사람들이 흘끔거리는데도 꼿꼿하게 선 채로다.

사람들의 시선이 스쳐 가는 그녀의 빨간 입술과 선글라스가 부담스러워 약간 불편하지만, 내게 없는 그녀의 당당함이 부럽다. 눈에 띄게 화려한 옷차림과 립스틱이 묘하게 조화를 이룬다. 가방을 뒤적이는데 얼핏 보아도 립스틱이 여러 개다.

그녀는 점심 식사가 끝나기 무섭게 화장을 고친다. 먹느라 지워졌는지 먹어버렸는지 립스틱을 꺼내 다시 바른다.

문지르고 덧바르며 화가가 그림을 그리듯 정성을 들인다. 그 마무리이자 정점은 립스틱이다. 화장은 생기를 찾고 처져 있던 기분을 자연스럽게 끌어올리기도 하는 마법이다. 여인의 입술을 탐하는 남자들에게는 없고, 여인에게만 있는 화려하고 당당함의 근원이다. 여자는 먹고 마시고 숨 쉬는 일 외에 스스로 당당해지기 위해 화장을 하고 다시 태어난다.

여자의 일생 중 립스틱을 바르는 동안만 여인이고 나머지는 그냥 여자로 산다는 말이 있다. 여인은 매일 화장하고 새롭게 태어나 스스로 당당해진다. 자신을 사랑하지 않는 여인은 화장하지 않는다. 화장은 자신을 아끼고 사랑한다는 의미이고 열정적으로 살고 있다는 증거이기도 하다. 타인 앞에서 또는 자신에게 당당하기 위한 하나의 표현 예술이다.

한편 생각하면 슬픈 피에로를 닮았다. 산다는 것이 지겹고 초라해질 때마다 자신의 모습을 더 깊은 곳에 감추고 싶은 나약한 존재들이다. 드러내고 싶지 않은 민낯에 빨갛게 입술을 칠하고 천 마디 말을 삼키며 슬플 때조차 웃어야 한다.

'화장 안 하니 이렇게 편한 것을, 그 귀찮은 일을 평생 했는지 몰라.' 했던 나를 돌아본다. 화장하지 않은 여자는 여자이기를 포기한 것이나 다름없다는 말이 생각나 거울 앞에 앉아 나를 본다. 립스틱을 바르지 않은 입술은 핏기를 잃은 회색빛이고 피부는 메마른 사막 같다. 얼굴에 드러나는 골짜기 같은 삶의 흔적은 무엇으로도 감출 수 없고 지울 수도 없다. 제자리를 맴도는 일상의 지루함 속에서 나태해진 나를 토닥이며 선배처럼 빨간 립스틱을 바른다.

봄이 유혹하는 화려한 거리로 나서본다. 누가 분장이라 비웃어도 변장이라 웃어도, 입술이 반짝거리는 내 발걸음은 가볍다. 봄의 전령사들이 화려함을 자랑하며 웃지만, 누가 뭐래도 봄을 유혹하는 것은 꽃보다 아름답게 화장한 여인들이다.

벼룩만 뛰나요 애들도 뛰어요

손자 녀석들은 두 발로 섰다 하면 뛴다. 의자 위에 올라가 뛰어내리고 소파에서 뛰고 침대에서도 뛴다. 땀을 흘리며 온 집안을 운동장 삼아 뛰어다닌다.

아래층 아주머니가 쫓아 올라왔다. 현관에 들어서 집안을 훑어보는 얼굴에 짜증이 잔뜩 묻어있다. 장난감과 책으로 가득한 거실과 애들 방은 매트를 깔아 놓았는데 작은방과 주방에 매트를 깔아놓지 않은 게 문제였다. 아이들이 뛰고 놀 수 있는 공간이 우주만큼 넓다면 얼마나 좋을까 생각했다. 그토록 뛰지 말라고 사정했건만 소용없는 일이었다. 두 손을 앞으로 모은 딸이 수사관에 앞에 죄인 같은 얼굴을 하고 섰다.

"죄송합니다."

딸이 몇 번이나 고개를 조아린다. 보다 못해 한마디 거들었다.

"미안합니다. 조심하겠습니다." 나도 고개를 숙이며 생각지도 않은 말을 하고 말았다. 돌아서 가버린 뒤에 하고 싶었던 말, 참았던 말이 속에서 터져 나왔다.

"아주머니, 짜증나는 마음 백번 이해하지만, 애들이 뛰게 마련이지 말린다고 들으면 애들이 아니지요. 애들을 묶어 둘 수도 없는 노릇인데, 어찌합니까. 아이를 키워보셨으니 잘 아시잖아요. 학교도 못 가고 유치원도 못 가는 아이들을 이 추위에 밖으로 내보낼 수도 없잖아요. 온종일 갇혀 지내는 아이들을 어떻게 하라고요~."

주책없이 삐져나오려는 눈물을 욱여넣는다.

몸이 원하는 만큼 알아서 뛰고 걷고 뒹굴면서 크는 아이들이다. 토끼처럼 뛰고 싶어도 발을 세워 걷는 아이들의 작은 가슴에 멍이 들까 두렵다. 어린 시절의 기억은 수정할 수도 없고 억지로 지어낼 수도 없고 마음대로 잊어버릴 수도 없는 일인데.

코로나 때문에 유치원 졸업식도 취소되고 학교 입학식도 건너뛰었다. 출발선 앞에 서보기도 전에 학교 가는 길이 막혀 버렸기 때문이다. 학년 초 책을 받으러 가던 날도 자동차 창문을 내리고 책만 받아 왔다. 학교 가는 것보다 컴퓨터로 선생님을 만나는 일이 더 익숙한 아이는 이유도 모른 채 마스크를 쓰고 한 해를 넘겼다.

생각해 보면 어른들 눈치 보기에 바쁜 아이들이 '사회적 거리 두기'에 가장 헌신적으로 협조한 집단이다. 머리에 띠를 두르고 권리를 주장한 일도 없고, 주먹을 휘두르며 목소리를 높이는 일도 할 줄 모른다.

사회적 표정이 없는 아이들이 무엇을 희생했는지 어른들은 생각해 봐야 할 일이다.

누구도 비켜 갈 수 없는 전염병 시대에 아이를 대하는 시선과 태도가 훗날 부메랑이 되어 어른들을 향할 수도 있다. 코로나 시대를 초래한 어른들이 참아주고 기다려 주는 것만으로 아이들에게 다소 빚을 갚는 마음이 될 수도 있는 일이다. '어린이는 나라의 보배'라는 함부로 말하는 어른들이 약속해지는 날이다. 누구를 탓하겠는가. 죽일 놈의 코로나를 탓할 수밖에.

사람들

친구는 집이 언덕배기에 있어서 이번 홍수에 그나마 피해가 적었다고 한다.

"땅에 심어 논 것들이 싹 다 떠내려가 부렀어. 그래도 집이라도 남아 있응게 다른 사람들 보담 낫제." 처참했던 물난리를 견뎌낸 친구는 찾아간 내 마음을 되레 다독였다. 사막처럼 휑하게 비어버린 들판에 뜨겁고 물기에 젖은 햇빛이 쏟아지고 있었다. 공허한 위로의 말은 허공에서 맴돈다. 지난번 만났을 때보다 어깨가 좁아 보인다.

붉덩물이 휩쓸고 간 들판에 비닐하우스는 옆으로 누워있고, 너덜너덜해진 비닐 조각은 허망한 바람에 펄럭거리고 있었다. 산이 내려앉고, 길은 끊어지고, 거친 황무지로 변해버린 구례 들판은 눈 둘 곳이 없었다.

길가에 군용트럭이 줄지어 서 있다. 옆구리에 길게 붙어 있는 플래카드가 눈에 띈다.

“아버지 어머니 힘내십시오. 저희가 돕겠습니다.”

눈물이 핑 돈다. 밀짚모자를 쓴 군인들이 저 멀리 산자락에서부터 이쪽 길까지 일사불란하게 줄지어 서서 움직이고 있었다. 땀을 훔치고 선 군인에게 구청에서 나누어 주었다는 물과 과자봉지를 내밀었다. 하얗게 웃으며 꾸벅 돌아서는 국방색 등이 흠뻑 젖어 있다. 따라온 친구가 신음처럼 혼자서 중얼거린다.

“이 더위에, 보기도 아까운 새끼들이….”

온몸으로 뙤약볕을 쪼이며 비오듯 땀을 흘리는 청년들을 보는 눈에 안쓰러움이 가득하다. 사람을 감동케 하고 웃고 울리는 신비한 존재가 사람이다. 내가 잊고 살았다. 어둠을 건너가는 세상은 아무도 눈여겨보지 않는 풀잎들의 합창에서 비롯되었던 것을. 들숨과 날숨보다 한숨을 더 많이 토해내는 소리가 가슴을 두드리면 무조건 뛰어가는 따뜻한 사람들이 있었다. ‘사람들’이라고 쓰고 ‘사랑’이라 읽어 본다.

어느 별이 되었을까

그의 그림을 알지도 못하고 동시대를 산 것도 아닌데, 그가 그린 그림에 매료되었던 때가 있었다. 여고 시절 미술 시간에 고흐의 〈별이 빛나는 밤〉을 보여주시던 선생님께서는 그 어려운 그림을 그려오라는 숙제를 내주셨다. 병원 창문으로 내다보이는 밤하늘을 회오리치는 가슴으로 그렸을 화가 고흐에 대한 설명도 자세히 해 주셨던 것 같다. 일주일 내내 방바닥에 스케치북과 물감을 펼쳐 놓고 열심히 흉내를 내었다. 학교 갔다 오면 미술 시간에 보았던 그림 속의 하늘과 별을 떠올리며 그리고 또 그렸다. 애써서 그린 그림 속에 코발트 빛 하늘은 어둠을 드러내지 못했고 밤하늘에는 노란 별들이 반짝거리지 않았다.

뜻밖에 선생님의 칭찬을 듣고 난 후 고흐에 관한 글이면 무엇이건

읽게 되었고 점점 그에 대한 관심이 깊어졌던 것 같다. 얼마 전에 그의 그림을 모아 편집한 갤러리 북 시리즈를 사 펼쳐보면서 잊고 있었던 그에 대한 연민이 다시 마음을 흔들었다. 색채를 통해서 말하고 싶어 했던 그가 동생 테오에게 보낸 편지를 묶어놓은 책《영혼의 편지》를 사서 읽기도 하면서 그의 아픈 생애를 들여다보기도 했다.

화폭이 보이지 않는 어두운 밤, 미친 듯이 밤하늘과 회오리치는 별을 그렸을 그를 상상해 본다. 차가운 달빛만이 그의 격렬한 붓질을 지켜보았을 것이다. 삶이 고통의 연속이었지만 순수 자연의 소리에 온 마음으로 귀를 기울인 화가였다. 그 소리를 화폭에 담고자 고뇌한 화가의 불타는 가슴을 아무도 알지 못했다.

오래 남는 그림이 있다. 그가 온 마음을 바쳐 사랑한 거리의 여인 '시엔'을 화폭에 담아 놓은 그림 〈슬픔〉을 볼 때마다 가슴이 시리다. 인간이 가난과 굶주림 앞에서 어떻게 자멸해 가는지 작품 속에 녹여내고 싶었다고 한다. 맨몸으로 두 무릎을 감싸 쥐고 얼굴을 파묻은 모습이 보는 이의 가슴에 깊은 슬픔을 전한다. 등으로 흘러내리는 검은 머리카락과 드러난 젖가슴과 불룩한 배는 임신 중인 매춘부의 벌거벗은 삶을 말하는 듯 하다. 삶의 가장 밑바닥에서 슬퍼하는 여인의 통곡 소리를 표현하고자 했을 화가의 고뇌가 읽힌다.

자신을 스쳐 간 다섯 여인 중 시엔과의 짧았던 사랑이 가장 행복했던 순간이었다고 한다. 시엔을 순수한 마음으로 사랑했지만, 이루지 못한 사랑에 만신창이가 되고 만다. 만약에 있었을 일을 생각해 본다. 그의 사랑이 순풍에 돛을 단 듯 이뤄지고 삶이 평화로웠다면, 미술사에 한 획을 긋는 일도 없었을 테고, 내가 좋아하는 그의 그림도 볼 수 없었을지도 모를 일이다.

그의 그림 속에는 노란색이 밑바닥에 잠겨있다. 그에게 노란색은 이루지 못한 사랑과 좌절의 빛이기도 하고 희망을 건져 올리는 빛이 되기도 한다. 노란색이 파랑이나 초록을 만나 불러일으키는 느낌은 분노, 열정 사랑 그 무엇이든 그 느낌이 훨씬 강렬해진다. 고독과 외로움에서 벗어나고픈 희망이 언제나 그의 내면에 일렁이고 있었기 때문이 아니었을까. 어릴 적 흉내 낼 수 없었던 그의 코발트색과 노란색은 두 색깔이 만나면 신비한 보랏빛이 되어 처절하게 외로운 그가 흘리는 눈물이었던 것을, 그땐 몰랐다.

운명에 순응하기보다는 온몸으로 저항하면서 고뇌하던 그가 동생에게 보낸 수많은 편지 속에 문학적인 표현이 마음을 글썽이게 한다.

"별이 반짝이는 밤하늘은 늘 나를 꿈꾸게 한다. 어떻게 창공에 반짝이는 저 별에 갈 수 있는 것일까? 별까지 가기 위해서는 죽음을 맞이해야 한다. 살아있는 동안에는 별에 갈 수 없기 때문이다.(…) 나는 이 세상에 빚과 의무를 지고 있다. 30년간이나 이 땅 위를 걸어오지 않았던가! 여기에 보답하기 위해서라도 그림의 형식을 빌어 어떤 기억을 남기고 싶다. 인간의 감정을 진정으로 표현하는 그림 말이다. 진실하고 정직한 그림, 그것이 나의 목표다. 화가는 그림을 통해서만 말할 수 있는 사람이다. 난 내 그림들, 그것을 위해 난 내 생명을 걸었다. 그로 인해 내 이성은 반쯤 망가져 버렸지만."

그림 그리는 일 말고는 삶에 필요한 다른 것들은 잘 움켜쥐지 못했다. 별은 하늘에서 고요히 반짝이는데, 그의 그림 속에 별은 혼란스러움 자체다. 소용돌이치고 폭발할 듯 어지럽다. 온갖 사물에 깃든 색채를 표현하고자 했던 그가 하늘나라에서 편안한지 외롭지 않은지 묻고 싶다. 지긋지긋한 육신의 병과 몸서리치는 가난이 없는 곳에서 외롭지 않기를 비는 마음이다.

많은 자화상 중에 파란색 상의를 입은 그림을 다시 펼쳐 본다. 그림의 배경도 입은 옷도 모자도 파란색이다. 파란색 눈동자에서는 파란 눈물이 흘러내릴 것만 같다.

죽은 후에서야 물감 구할 돈 걱정 하지 않아도 될 만큼 부자가 되었지만 분노하는 그의 눈빛은 여전하다. 아직도 가슴이 끓고 있는 그는 어느 별이 되었을까. 밤하늘을 올려다 본다.

울타리 밖 사랑

동네 가게 문이 닫혔다. 근거 없는 소문이길 바랐는데 시들 줄 모르고 입에서 입으로 건너다니더니 며칠 후 가게 문이 닫힌 것이다. 호리호리한 몸매에 뒤로 묶은 까만 머리가 단정한 여인과는 눈인사를 나누었을 뿐, 따로 만나 이야기를 나눈 적은 없었다.

공들여 쌓아놓은 성을 버리고 울타리 밖으로 훌쩍 떠난다는 일이 그리 쉬웠을까 싶다. 새롭게 만난 사랑 앞에 무릎을 꿇어버린 것도 용기라면 대단한 것이다. 결혼한 남녀의 울타리 밖 사랑에는 법의 제도와 짊어져야 할 윤리의 벽이 높다랗게 존재하는 세상이다. 나의 묵은 생각을 바꿔야 할지, 주홍글씨를 써 붙여놓고 바라보아야 할지 생각했었다. 가슴 떨리는 운명적인 사랑으로 볼 것인가. 도덕과 윤리라는 엄중한 테두리 안에서 바라볼 것인가.

뜨거운 여름 자신의 열기를 견디지 못해 옆에 선 가지와 부딪쳐 불을 지르는 나무가 있다고 한다. 태양이 너무 뜨거워 스스로 불을 지를 수밖에 없는 게 자연 현상이라면 자신을 태우는 게 나무의 운명이라 할 수는 없을 것 같다. 열기가 식지 않은 채 시커멓게 타 버린 자리에 재만 남는 나무를 생각해 보면 목숨 바쳐 사랑하는 숭고한 남녀의 사랑을 떠올린다.

자신을 속이며 견디는 것보다 사랑을 선택할 수 있었던 용기가 차라리 인간적이라는 생각이 든다. 사랑하고 헤어지는 것을 행복과 불행이라는 잣대로는 구별 지을 수 없는 일이다. 늦게 만난 사랑을 인생의 성공과 실패, 도덕이라는 기준으로만 들이대지 말아야 할 것 같다. 남녀간의 사랑은 신도 예측하기 어려운 심오한 세계라 했다. 만나고 헤어지는 것은 인간의 의지보다는 신이 애초에 짝 지어놓은 인연을 찾아가는 일인지도 모를 일이다.

아무도 모르게 몸의 깃털을 모두 뽑아내는 듯한 고통을 참아내야 했을 것이다. 사랑이 주는 설렘 뒤에 불안함과 예측할 수 없는 미래가 그녀를 많이 아프게 했을 것 같다. 고전 소설 속에서도 금지된 사랑 이야기는 동서양을 막론하고 여인들에게 엄격했었다. 비슷한 결말을 풀어 놓은 《보바리 부인》의 엠마, 《적과 흑》의 레날드 부인, 《안나 카레니나》의 운명적인 사랑은 문학 작품 속에서 비극적인 결말의 주인공들이었다.

섬진강 변을 달려 남쪽 바다가 보이는 곳에서였다. 길 건너 마주

보이는 버스 정류장에 서 있는 여인과 눈이 마주쳤다. 분홍색 파라솔 밑으로 보이는 검은 머리가 단정한 여인은 분명히 그녀였다. 늦여름 한낮의 태양 아래 얼굴이 상기되어 있었다. 얼굴을 돌리는 그 여인보다 내가 더 빨리 돌아섰던 것 같다. 그 순간 왜 내가 먼저 놀라고 가슴이 두근거렸는지 지금도 알 수가 없다.

차마 돌아볼 용기를 내지 못하고 서 있다가 내려다본 곳에 코스모스 한 송이가 피어 있었다. 화단 경계석을 넘어 돌 틈 사이를 비집고 뿌리를 내리고 꽃도 피웠다. 아프게 흔들리던 시간을 잘도 견디어 낸 꽃이다. 나이가 들다 보니 세상일에 다소 너그러워진 것인가, 그녀의 두 번째 사랑이 아름답게 꽃피웠으면 하는 마음이 간절하다. 색깔도 무늬도 평범하지 않은 여인의 삶이 활짝 피어나기를 바라는 마음이다. 두 번째 사랑도 처음처럼 두근거리고 설렌다면 그 또한 아름다운 첫사랑인 셈이다.

4월의 눈은 어쩌다 내리는 특별하고 예외적인 일이다. 힘없이 녹아버리는 봄눈이라 해도 피어 있는 꽃들은 추위에 떨고 외로움에 떤다. 지금은 4월의 눈처럼 떨고 있지만, 그녀에게 찾아온 특별한 사랑이 더 이상 아프지 않았으면 좋겠다. 어디서 읽었을까. '사랑했다'의 반대말은 '사랑한다.'라고 했다. 현재 진행형인 '사랑한다'라는 말은 죽는 날까지 유효하다는 말을 전하고 싶다.

희망을 키우며

시골집을 떠나온 지 두 해가 넘었다. 창가에 새들이 지저귀는 소리에 잠을 깨던 그곳이 생각날 때마다 익숙하지 않은 도시 생활에 적응 못하는 나를 돌아보곤 한다. 낯선 곳에 불시착한 새 한 마리 같기도 하고, 내게 맞지 않은 남의 옷을 입은 것처럼 불편할 때가 있다. 나이 들어갈수록 익숙한 곳에 살아야 하고 만나던 사람을 만나면서 살아야 한다는 말이 순간순간 생각나기도 한다.

맞벌이하는 아들 내외 곁에 와서 손자를 돌봐주고 있지만, 젊은이들이 누군가의 도움 없이는 육아와 일을 함께 잘해내는 것이 참으로 어렵다는 것을 느끼곤 한다. 평소에 젊은이들이 배운 만큼 사회에 헌신하고 봉사할 수 있어야 발전하는 사회로 나갈 수 있을 것이라는 생각을 했었다. 현실은 생각했던 것과는 거리가 멀었다. 아이 하나 키워내는 일에 온 마을이 함께했다는 어른들의 말씀이 생각난다. 이웃이 도와야 농사를 지어 먹고 살 수 있었던 시대나 이 시대를 사는 젊은이들이나 힘들고 어렵기는 하나도 다르지 않은게 현실이다.

손자가 일하러 간 엄마를 찾을 때마다 새처럼 날아 엄마에게 데려가고 싶은 마음이 간절해진다. 아침에 엄마와 헤어지면 거의 12시간이 지나 저녁이 되어서야 만나는 일상을 지켜보는 일이 가슴을 헤집는 아픔이다. 아이가 애타게 엄마를 기다리는 마음은 아무도 채울 수 없는 빈 공간이다. 오직 엄마만이 채울 수 있는 외로움의 자리다. 해가 설핏해지면

"엄마 언제 와요?" 묻다가

"엄마 왜 안 와요?" 보채는 소리에 애절함이 묻어있다. 서둘러 일을 끝낸 엄마가 달려오는 마음은 〈섬집 아기〉 동요 속 엄마의 마음과 닮았다. 못다 채운 굴 바구니 머리에 이고 모랫길을 달려오느라 늘 숨이 가쁘다.

무뎌지고 낡은 감각으로 내 아이를 키우던 기억을 끄집어내 보기도 하고 그 시절로 다시 돌아가 아이의 세계를 이해해 보려고 노력한다. 아이의 시선으로 보고 아이의 마음으로 생각해 보려는 것은 마음일 뿐, 한계를 느끼면 굳어버린 손가락 마디 마디처럼 통증으로 남는다.

언젠가 외국 잡지에서 본 사진 한 장이 생각난다. 엄마와 아빠 아이들 넷이서 탄 자전거 여섯 대가 푸른 초원을 배경으로 달리는 사

진이었다. 엄마 아빠 뒤를 따라 달리는 자전거 바퀴의 크기와 색깔이 모두 달라 무지개를 떠올리게 했다. 아이를 낳을수록 더 많은 혜택을 받고 육아에 대한 비용을 걱정하지 않아도 되는 먼 나라의 그들이 얼마나 부럽던지…. 무지개처럼 아름다운 그날이 와 주기를 바라는 마음 간절하다.

직장마다 보육 시설을 갖추고 있다면 어떨까. 최소한의 시설과 교육을 받은 돌봄 선생님들이 계시는 공간이 직장에 만들어지면 바랄 게 없을 것 같다. 정성껏 돌봐주는 공간이 있으면 형편에 맞춰 엄마 아빠가 아이를 데리고 출근할 수 있지 않을까. 쉬는 시간 마음 놓고 수유를 하고 아이와 스킨십을 나눌 수 있는 엄마와 아이는 정서적 안정을 취할 수 있을 것이다. 사회적으로 얽힌 문제를 해결해야 할 어려움이 있겠지만, 아이와 부모 모두 행복하고 가정과 사회가 안정될 수 있다면 어렵더라도 부딪쳐 고민해야 할 일이다. 어렵다는 생각만으로 멈춰야 할 일은 아닌 것 같다. 내 나름대로 이런저런 방법을 궁리해 보면서 꿈을 꾼다. 지금은 한 줌 희망일지라도 시간이 지나면 꿈이 현실이 되어 무지개보다 아름다운 풍경을 바라볼 수 있으리라.

인구 절벽의 시대가 올 것이라고 걱정할 일이 아니라, 육아에 대한 고민과 갈등을 해결하면 자연스럽게 해결될 일이 아닐까. 직장에 충실하고 일의 능률이 올라 사회가 안정되고 출산 정책도 성공할 수 있을 것이다. 아이와 함께 퇴근하는 풍경은 생각만 해도 흐뭇하다.

나라와 사회와 가정이 하나로 얽히면서 아이를 키우는 일은 나라의 희망을 키우는 일이다.

그림책을 뒤적이다가 때가 되면 현관문을 향해 돌아앉는다. 어느새 기다림에 익숙해진 아이가 엄마의 발소리에 귀를 기울인다. 숨가쁘게 달려오는 엄마를 기다리는 섬 집 아이처럼.

함께 산다는 것

잠 못 이루는 밤이다. 지난 3월 어느 날엔가 찾아온 불청객의 정체는 주위에서 말만 듣던 '오십견'이다. 오십 고개를 넘은 지 까마득한데 봄바람 따라 뜬금없이 찾아온 지독한 손님이다. 불청객이 찾아온 이후 통증에 시달리며 잠을 못 이루고 홀로 앉아 처량하게 눈물을 찔끔대는 밤이 생겼다. 죄가 있다면 '우쿨렐레'를 배우느라 오른쪽 어깨를 치켜세운 일밖에 없다. 네 개밖에 안 되는 줄을 튕기며 지루한 일상을 달래보려 했던 게 전부인데, 내세울 게 없는 내가 어깨를 치켜세웠으니 그것이 죄라면 어쩔 수 없는 일이다.

쉰 살이 되면 덤벼든다는 오십견이 요즘은 나이를 가리지 않는다고 한다. 처음에는 가만가만 은밀히 내 눈치를 살피며 다가왔었다. 내 어깨를 공격하기 위해 염탐을 했으리라. 진지를 구축하고 기세를 높여 밤이고 낮이고 무차별 공격을 시작했다. 모두가 잠든 깊은 밤에 바늘로 찌르기도 하고 쥐어짜는 듯 비틀어 보다가 둔한 몽둥이로 마구 짓이기면서 내 인내심의 한계를 건드린다.

그 잔인하고 다양한 전술에 입이 딱 벌어진다. 일방적으로 당하기만 한 전쟁터는 처참하기 짝이 없다. 주삿바늘 자국과 뜸과 부항, 침까지 전쟁이 쓸고 지나간 폐허와 다름이 없다.

적이 공격해 오기 전 나는 이미 백기를 내걸었었다. 전쟁으로 인한 인류의 처참한 참상을 알기에, 평화를 구하고자 나름 끊임없이 협상을 시도했었다. 그러나 협상은 어떤 방법도 가능한 일이 아니었고 또 나의 의지만으로 되는 일이 아니었다.

정형외과를 찾아가 상담을 했다. 엑스레이를 찍었지만 적은 고도의 훈련을 받았던지 보이지 않는 곳에 숨어 의사의 눈을 피했다. 보이는 것만 볼 수밖에 없었던 의사는 별것 아니라는 듯 진통제와 소염제 소화제를 처방해 주었다. 무거운 것을 들지 말고 심하게 어깨를 움직이는 일을 하지 말라는 말씀도 있었다.

몇 가지 약으로 투항하고 물러설 놈이 아니었다. 약을 먹는 동안만 잠시 몸을 피했다가 그 두 배 만큼의 통증으로 보복을 해 왔다. 잠이 들어 통증을 잊어버리고 싶었지만 애초부터 적은 야행성 전투의 전문가였는지 잠잘 틈도 주지 않았다.

두 번째 만난 의사는 사진 몇 장을 찍고 나서 어깨와 엉덩이에 주사를 놓고 찜질을 한 후에 지난번과 똑같은 약을 처방했다. 의사가 주는 대로 열심히 먹고 바를 때는 적이 항복하고 물러가 버린 줄 착각 했었다. 그러나 약을 다 먹고 나면 적은 어김없이 다시 공격해 왔다. 통증과 싸우지 말라는 의사의 한마디를 잊을 수가 없다.

"나이가 들면 어깨뿐 아니라 관절 여기저기가 쑤시고 아파요. 통증과 싸우려 하지 말고 데리고 함께 사는 수밖에 없어요." 적을 동반자로 여기며 함께 살라는 말이다. 이길 수 없으니 함께 살아야 할 운명인 것이다. 내 의지대로 끝낼 수 없는 전쟁인 것을 깨달았다.

한사코 이기려 했던 전쟁은 적과 싸운 게 아니라 낡은 내 육신을 받아들이지 못한 나 자신과 싸운 것이었다. 밀려오는 세월을 받아들이지 못하고 저항했던 고통의 시간이었다. 함께 가리라 마음을 고쳐 먹고 나니 통증이 덜한 것 같기도 하다. 모든 전쟁이 그렇듯이 얻은 것은 없고 상처만 키웠다.

의사는 무겁게 들지 말라는 말도 했었다. 몸과 마음이 가벼워져야 내 어깨가 가벼워질 수 있음을 생각한다. 삶이 무겁게 느껴질 때마다 짊어지고 끌어안고 감당하는 것만이 전부인 줄 알고 살아왔다. 낡은 수레는 짐이 가벼워야 하리. 내려놓아야 고통에서 벗어나 전쟁도 끝날 수 있는 것이었다. 그럴 일도 없지만, 좁은 어깨 단 한 치도 치켜세울 생각도 하지 말고 겸손해져야 할 일이다. 적은 지금도 나를 아프게 한다. 내 안에 있는 것, 내가 알아내지 못한 것까지 죄다 내려놓으라며 다그친다. 깃털처럼 가벼워져 통증 없이 살 수 있는 세상은 내게 얼마나 멀리 있는 것일까.

2부

시간의 흔적들

3월이 오면

여고 시절을 떠올리면 단짝이었던 그 친구가 생각난다. 조용하고 말이 없는 친구였다. 한 손에 책가방을, 다른 한쪽 손에는 언제나 책이 들려져 있던 친구는 교복이 잘 어울렸다. 쉬는 시간에도 다른 아이들과 다르게 책상에 앉아 책을 읽던 그녀는 생각하는 것도 어른스러웠다. 우리는 아침 등교 시간이면 교문 앞에서 기다리다 만났고 하교 후에는 친구네 집과 우리 집을 오가며 함께 시간을 보내곤 했다.

문학소녀였던 그녀는 가끔 시 한 편을 내게 들려주며 감상을 묻기도 했었다. 지금은 만날 수 없는 그 친구를 그리며 기다린 세월이 사십 년이 흘렀다. 언젠가 나를 찾아올 것만 같아 보고 싶은 마음을 가슴에 눌러 담곤 한다.

단풍잎이 학교 운동장을 예쁘게 물들이면 수학여행 떠나는 계절이었다. 수학여행은 학창시절 잊지못할 아름다운 추억을 쌓기도 하지만, 교실을 벗어나 해방감을 만끽하는 축제였다. 한껏 들뜬 아이들은 여행 이야기로 몇 날 며칠 들썩거렸다.

위로 넷이나 되는 오빠들 뒷바라지에 여념이 없는 부모님께 수행여행 이야기를 꺼낼 수가 없었다. 마음을 다지며 포기했지만, 아무도 몰래 눈물을 훔치곤 했었다.

친구가 내 마음을 읽었을까. 내 몫의 수학 여행비를 몰래 납부한 것을 뒤늦게 알았다. "같이 가자."는 한마디 뿐이었다. 그 비용을 어떻게 마련했는지 물어볼 수가 없었다. 자존심과 부끄러움과 고마움이 섞인 감정을 숨기지 못하고 되레 화를 냈던 것 같다. 친구란 내 슬픔을 등에 지고 가는 사람이라는 인디언 속담처럼 그녀는 나보다 내 마음을 더 잘 헤아리고 내 슬픔을 나보다 더 아파하고 있었다.

각자 결혼해서 애들 키우며 사느라 우리는 한동안 연락을 하지 못하고 살았다. 지금처럼 손에 전화기가 들려 있던 때도 아니었고 서로의 삶에 매일 쫓기며 사느라 겨를이 없었다. 보고 싶은 마음은 접어둔 채 우리의 만남은 뒤로 밀려나있었다. 멀리 있는 그녀의 소식은 가끔 바람결인 듯 들려오곤 했었다. 원만하지 못한 결혼 생활과 남편과 함께 벌인 사업이 실패했다는 우울하고 가슴이 시린 이야기들이었다.

나를 만나러 왔던 날을 기억한다. 봄도 겨울도 함께 품은 3월이었다. 겨울이 머뭇거리는 사이로 꽃샘추위가 파고들던 날, 외출에서 돌아오는 나를 기다리고 있었다. 내집 마루에 앉아 있던 그녀가 나를 바라보며 미소 짓고 있었다. 우리는 두 손을 마주 잡고 한참이나 서로를 바라보던 순간이 생각난다. 어두운색 옷을 입어서인지 지쳐 보이는 얼굴에 번지던 미소를 잊을 수가 없다.

할 말이 너무 많아도 입을 열고 나눌 수 없는 순간이 있다. 어디서부터 무슨 이야기를 꺼내야 할지 몰라 친구와 나는 두서없는 말만 주고 받으며 아까운 시간을 보내고 있었다.

"얼굴 봤으니 됐다. 갈게."

단호한 표정으로 서둘러 일어서는 그녀를 배웅하면서 흥건하게 남은 감정이 뭔지 알 수 없었다. 저만치 사거리를 돌아 터미널 쪽으로 사라지는 친구의 회색빛 뒷모습이 오랫동안 그림자처럼 따라다녔다.

그녀가 그리울 때마다 어디론가 멀리 날아가려는 새의 움츠림 같았던 그날의 모습을 자주 떠올린다. 무슨 말을 하고 싶었을까, 내게 어떤 도움을 청하고 싶었던 것은 아니었을까. 누군가의 따뜻한 위로가 절실한 외로움에 떨고 있는데 나는 철없는 말만 늘어놓고 있었던 것일까. 어쩌면 수도자처럼 조용히 살고 싶다는 말을 내게 하고 싶었는지도 모를 일이었다. 그 마음을 읽지 못하고 놓쳐버린 마지막 만남이 늘 아쉽기만 하다.

친구가 어디에 있는지 알 길이 없다. 수소문 해 봐도 아는 사람이 아무도 없다. 이승과 저승으로 갈라져 닿지 못할 곳이 아니라면 언젠가 만나게 되리라는 생각을 할 때마다 가슴이 먼저 젖는다. 아무도 알지 못하는 곳에서 은둔의 삶을 사는지도 모를 일이다. 길을 가다 수도복 차림의 성직자를 만나면 다시 돌아보며 친구인가 싶어 가슴이 두근대기도 한다.

삶의 한복판을 피해 바깥쪽 어딘가를 선택한 은둔의 삶이라면 타인과의 경쟁보다 자신과의 싸움이 치열한 삶이 아닐까 싶다. 갈증으로부터, 욕망으로부터, 꿈으로부터, 기쁨과 슬픔으로부터 편안해졌으면 좋겠다. 그 삶도 어차피 짊어진 삶이기에 고통스럽기는 마찬가지일 테지만.

시를 좋아하던 문학소녀의 감성이 내게도 스며들어 이 나이가 되어 밤늦도록 모니터 앞에 앉아 오만가지 생각에 젖어 컴퓨터 자판을 두드리고 있다. 해 저문 들판에서, 혹은 푸르스름하게 밝아오는 새벽하늘을 바라보며 시를 주워 담는 그녀의 모습을 떠올리면 꿈을 이루고 자신의 미소같은 시를 깁고 행복하기를 바라는 마음 간절해진다. 덜 다치고 오래 아프지 않을 것 같아서. 일상의 폭력과 구태의연에 함부로 물들지 않을 것 같아서.

메마르고 쫓기는 세상에 우정이 머물 곳도 없고 그것을 가꿀 시간도 없다고 말하는 사람들은 우정이란 어휘조차 낡은 것이라고 한다. 내게 우정은 변함 없는 그리움이다. 우리가 만나는 날 나누어야 할 이야기가 몇 날 며칠 밤을 새우고도 남을 만큼 쌓였다. 그녀가 구경했던 세상과 내가 살았던 세상 이야기가 시가 되어 그녀와 나

사이에 강이 되어 흐를 것이다. 어느새 3월이 훌쩍 가버리고 4월의 끝자락이 보인다. 또다시 기다릴 것이다. 내 마음을 나보다 더 잘 헤아리던 친구가 웃는 얼굴로 와 줄 것만 같은 어느 해 3월을.

감자

초록으로 온 세상이 일렁이는 유월, 아물지 않는 회한의 슬픔 그 근원을 따라가 보면 이념으로 갈라진 혼란스러운 시대를 살았던 엄마의 일생이 보인다. 역사책을 읽고 배웠던 것보다 엄마를 통해서 알게 된 이야기들이 가슴 깊은 곳에 머물러 퇴색하지도 않고 남아있다.

엄마의 기억 속에 슬픔과 악몽으로 남은 유월은 언제나 '육이오 난리통'과 '피난 시절에'로 시작되는 전설이다. 그 악몽같은 전설은 해마다 이맘때가 되면 어김없이 되살아난다.

피난민 무리에 섞이고 떠밀리는 긴 행렬 따라 남쪽으로 남쪽으로 내려간 곳은 부산이었다. 거처할 곳도 없고 먹을 것도 없는 막막한 날들이었을 것이다. 낯선 하늘 아래 내일을 알 수 없는 허기진 날들은 끼니를 거르는 때가 먹는 날보다 더 많았다고 한다.

배고픈 승냥이가 되어 너나없이 살아남기 위한 또 다른 전쟁속에서 새끼들에게 먹잇감을 날라야 하는 어미 새의 절박함은 하루하루 생존의 두려움과 마주한 나날이었을 것이다.

"총소리보다 더 무서운 게 새끼들 굶기는 것이었지."

어쩌면 엄마의 가슴 깊은 곳 어디쯤에서 그 기억은 세월 따라 자라고 있었다. 생이 다하던 즈음에도 도지곤 하던 악몽은 끝까지 벗어나지 못하셨다.

생존의 본능만이 존재하던 살벌한 틈바구니에서 어쩌다 얻은 감자 한 소쿠리 이야기는 슬픈 전설처럼 가슴을 후비곤 한다. 솥단지를 걸고 생솔가지를 끊어다 불을 피웠다. 불꽃은 자꾸만 잦아들어 애간장이 탔고 꺼져가는 불씨를 겨우 살려내면서 눈이 매워 눈물을 흘리다 두 다리 뻗고 앉아 목놓아 울었다고 한다.

추적추적 내리는 비가 야속해 울고, 새끼들의 허기진 눈빛이 안쓰러워 울고, 젖은 연기가 매워 울고, 왜 총을 겨누고 싸워야 하는지 이유를 알 수 없는 전쟁이 원망스러워 울었다. 그날의 아픔을 잊어버리고 산다고 했지만, 자식들은 엄마의 가슴에 새겨진 슬픈 역사 한 페이지라 여긴다.

엄마는 살아생전에 감자 사랑이 유별했다. 창고 한쪽 구석에는 언제나 감자가 바닥에 죽 널려 있었고 그것을 신문지로 덮어 놓곤 하셨다. 하지 무렵부터 조금씩 사 모은 감자를 여름내내 밥에 얹어 드시곤 했다. 걸음걸이가 느려지던 노후에는 감자를 삶아 노인정에 들고 가셨다. 그곳에서 전쟁의 회오리 속을 살아낸 사람들끼리 나누어 드시면서 서로의 상처를 다독였을 것이다.

빈센트 반 고흐의 그림 중에 〈감자 먹는 사람들〉이 생각난다.

자신이 그린 수많은 작품 중에 가장 애착이 가는 작품이라고 했었다. 그림속에 하루를 마친 가난한 소작인들이 검게 그을린 손으로 감자를 먹고 있다. 어두운 호롱불 아래 하루 치의 몫을 나누어 먹는 모습이 피난 시절 엄마의 눈물과 함께 먹었던 감자와 겹친다.

농부의 마음으로 그리고자 했던 그림 속에는 검게 그을린 손으로 호롱불 아래 감자 몇 개로 허기를 채우는 가난이 슬프게 드러나 있다. 초라한 식탁 위의 감자 몇 개로 지친 영혼과 육신의 허기를 채우는 모습이 엄마의 지난날을 떠올리게 한다. 편안하게 감상할 수 없는 그림 한 장이다.

오래전 안데스산맥의 잉카인들의 식량이었던 감자는 비탈진 산기슭 돌밭에서 자라는 구황작물이었다. 목 타는 가뭄에도 물을 탐하지 않고 그 강한 생명력으로 꿋꿋하게 살아남는다. 땀으로 일구어낸 땅에서 자란 감자는 인류가 기근이 들어 생존의 위협을 받고 있을 때 주린 배를 채워주고 생존의 위험에서 구해 주던 구원자였다.

갓 캔 감자를 삶을 때 코끝에 남는 냄새를 나는 좋아한다. 척박한 곳에서 바람과 햇볕과 달빛을 보듬은 흙냄새다. 달고 고소한 맛에 익숙한 사람들에게는 손이 가지 않는 간식거리에 불과하지만 나는 밥 대신 감자 먹는 것을 좋아한다. 포슬포슬하고 촉촉한 그 맛을 알리 없는 이들은 그 맛이 밍밍하다고 한다. 뜨거울 때 껍질을 벗겨가며 소금에 찍어 먹는 맛은 차분하고 담백하기 이를 데 없다. 입맛없는 여름, 밥솥에 얹어 쪄낸 감자는 밥 한 그릇보다 그리움에 허기진 마음을 채워주는 따뜻한 한 끼 밥이다.

회색 구름이 비를 머금고 낮은 산자락에 내려앉았다. 장맛비답지 않게 리듬을 타고 내리는 비가 깊은 곳에 숨어있던 그리움을 흔들어 깨운다. 작디작은 풀꽃도, 풍성한 가을을 기다리는 열매도 눈물 같은 빗물을 머금고 여름의 한복판에 서 있다. 엄마가 계신 그곳은 어느 계절인지, 그곳에서도 감자를 드시는지 여쭙고 싶다.

달빛 연가

밤하늘에 보름달이 유난히 밝다. 온 세상을 밝혀주는 보름달과 한가하게 눈을 맞춰본 게 언제였던가 싶다. 나무도 풀잎도 냇물도 환한 달빛을 머금었다. 시인은 고즈넉한 밤 달을 벗 삼아 가슴 저리는 시를 써 내렸고, 고독한 화가는 달빛 아래 잠 못 들고 연인을 그렸다. 달은 세상 사람들의 수만 가지 사연을 그 둥그런 가슴에 품어 안고 있다.

사랑의 역사는 밤에 이루어진다는 것을 신께서는 알고 계셨나 보다. 연인들의 마음을 달빛으로 적시고 영혼마저 흔들어 놓기 위해 달을 선물하셨던 것 같다.

달 밝은 밤이면 투명 인간이 되고 싶었던 어릴 적 기억이 떠오른다. 스무 살을 갓 넘긴 언니의 사랑이 싹트던 시절, 해가 숨어버리고 어둑해지면 아버지는 온가족 대문 밖 출입을 금하셨다.

환한 보름달이 앞마당을 기웃거리는 밤이면 대문 밖에서 휘파람 소리가 들려왔다. 그 소리는 언니를 부르는 사랑의 세레나데였다. 언니의 비밀을 알고 있는 나는 그 소리가 아버지의 귀에 들릴까 봐 조바심을 내곤 했었다. 휘파람 소리에 마음이 달려나간 언니는 안방에 대고 간절한 소리로

"아버지, 달구경 갔다 올라요." 했다.

두어 번 헛 기침을 하시던 아버지는

"니 동생 데리고 가그라." 하시며

진실을 아시는 듯 모르시는 듯 허락하셨다.

동생이 다섯이나 있었지만 언제나 나를 염두에 두고 하시는 아버지 말씀이었다. 언니의 사랑이 영글어 가던 그 시절, 달 뜨는 밤이면 두 사람을 따라 다녀야 했다. 키가 작고 철도 없던 열두 살 꼬맹이는 두 사람 손을 양쪽에 잡고 달빛 쏟아지는 강변을 다리 아프게 걸었다. 알 수 없는 어색함이 하늘 위에 뜬 달처럼 자꾸만 내 뒤를 따라오곤 했었다.

강변은 낮에 본 모습과 전혀 다른 얼굴이었다. 환한 은빛이 되어 대낮처럼 휘영청 밝았고 끝도 없이 아득해 보였다. 크고 작은 동그란 돌들이 발부리에서 도란거렸고 투명하게 반짝이는 강물은 달빛을 품은 채 흘렀다. 걷다가 하늘을 올려다보면 달님도 흠칫 놀라 걸음을 멈추고 우리를 내려다보며 웃고 있었다.

두 사람은 말없이 걷고 있었지만, 같은 곳을 향해 걷던 두 사람의 가슴과 가슴에는 수없이 많은 밀어가 오갔을 터이다. 온 세상이 분홍빛으로 물들었을 그 시절, 언니는 두 볼이 붉은 사과처럼 예뻤다. 자주 손으로 부채질을 하다가 혼자서도 잘 웃었다.

꿈 같은 시간 속에서 시간 가는 줄 모르고 걷기만 하는 두 사람은, 걸어서 세상 끝까지 갈 것만 같았다. 지루하고 힘들었던 나는 뜬금없는 말로 두 사람의 대화를 끊어놓기도 했었다. 눈치 없이 얼른 집에 가자고 보채기도 했던 것 같다. 숨어 엿듣던 풀벌레도 날개를 접는 고요한 밤, 그 어색함을 견디지 못하고 조약돌을 강물에 집어 던지며 심술을 부리기도 했었다.

가까이 있으면 손잡고 싶어지는 것을, 손잡으면 포근히 안아보고 싶어지는 것을 알 리가 없었다. 뒷모습이라도, 그림자라도, 꿈속에서라도 안아보고 만져보고 싶은 것이 사랑인 것을…. 오롯이 둘만이 있고 싶었을 그 애틋한 순간을 떠올리면 지금도 뒤통수가 뜨거워진다.

휘파람 소리는 달이 없는 밤에도 자주 들려왔었다. 손톱달이 뜬 밤에도, 달이 숨어버린 그믐밤에도 언니의 가슴에는 늘 둥근 보름달이 떠 있었던 것 같다. 돌아보면 연인들에게는 가장 아름답고 눈부신 계절이었다. 지금은 오렌지빛으로 물든 서쪽 하늘을 향해 두 사람 나란히 서 있다. 등이 구부정해지고 걸음이 부자연스러워진 형부 옆을 지키며 나란히 노을을 바라본다.

달의 신비로움을 짝사랑하던 인간들이 달의 신비를 벗기기 시작했다. 사랑할수록 깊이 알고 싶어지는 것, 신의 영역이라 여겼던 달의 뒷모습을 훔쳐본 인류가 두 손을 치켜들고 환호했다. 조금씩 더 가까이 다가서면서 속살을 들여다보는 인간들에게 어디까지 그 진실을 드러내 보여줄는지…. 태초의 정적과 짙은 어둠 속에 비밀을 간직한 채 예나 지금이나 연인들의 사랑을 엿보고 있을 것이다.

사랑의 밀어가 달빛에 투영되던 낭만은 희미해져 가고 달빛 쏟아지던 밤의 사연들도 점점 멀어져 간다. 전설 같은 언니의 달빛 쏟아지던 밤의 연가를 생각하며 혼자 웃는다. 달은 연인들의 사연을 오래오래 세상 끝날 때까지 기억하리라.

밤마다 피어나는 달맞이꽃은 그윽하고 은은한 달빛의 유혹 때문에 피어 웃고, 핑크빛 심장을 달 속에 빠트린 연인들의 사랑은 영글어 간다.

비나리

하얀 소복에 버선발이 단아하다. 물 위를 걷는 우아한 학 한 마리를 연상케 한다. 안으로는 한을 다스리고 밖으로는 하늘을 향해 염원을 갈구하는 살풀이춤이 수묵화의 회색빛처럼 차분하다. 검은색과 흰색 사이에 무수히 많은 회색이 존재하듯이 혼자서 온 무대를 에도는 춤사위에 세상 수많은 염원이 담겨 있다.

국악원 명품관에서 명인의 춤을 감상하던 날이었다. 시나위 가락이 흐르고 마당에 깔린 멍석 위에 살풀이춤이 펼쳐진다. 무용수의 몸짓이 소리 없는 언어가 되어 가슴을 파고든다. 멈추어 선 듯, 움직이는 듯 가슴속 깊은 곳에서 내쉬는 숨소리가 보는 이들의 마음을 흔들어 놓는다. 온몸으로 흐르는 절제의 멋이 느껴진다. 대지를 다지듯 진중하게 내딛는 디딤새에 삶의 무게가 실려 있다. 하얀 수건이 허공을 향해 하늘거리며 하얀 곡선을 그려낸다. 두 팔을 위로 한껏 치올린 날갯짓은 날아오르고 싶은 인간의 염원이 담겨 있다.

지나간 날들의 상처는 사라지는 게 아니라 손끝만 스쳐도 밀려오는 아픔이었다. 눈앞에 펼쳐지는 살풀이춤이 하얀 소복을 입고 신께 아버지의 회복을 간구하던 엄마의 모습이 겹친다.

아버지는 일곱 해가 넘도록 안방에 누워만 계셨다. 숨이 넘어갈 것 같던 기침 소리에 건넌방에서 우리들은 가슴을 쓸어내리곤 했었다. 녹슨 쇳소리 같던 기침을 멈춰보려 일으켜 앉게 해 드렸다가 눕히기를 반복하면서 엄마는 잠시도 아버지 곁을 떠나지 못하셨다. 가끔 엄마가 내쉬는 한숨소리는 내게 아버지의 자지러지는 기침소리보다 더 크게 가슴을 두드렸다. 아버지가 돌아올 수 없는 곳으로 멀어져 갈 것만 같아 두려운 마음에 사로잡히곤 했었다.

시월 그믐께였을까. 오려 붙인 것 같은 노란 손톱달이 희미하게 불 밝힌 마당을 내려다보던 밤이었다. 춤사위와 북장구 소리에 밤을 새우던 그날의 기억은 지금도 낯선 두려움으로 남아있다. 아버지를 떠나보낼 수 없었던 애달픈 마음이 신께 매달릴 수밖에 없었으리라. 비나리는 엄마가 할 수 있는 간절한 마지막 기도였다.

깊은 밤 세상의 모든 신에게 아뢰는 듯 마당에 불이 밝혀지고 북소리가 울리기 시작했다. 징과 북이 어우러져 울려 퍼지던 그 소리는 잠자는 신들을 흔들어 깨우고도 남았다. 오방색 한복을 입은 여인은 돗자리 위에서 북장단에 맞춰 뛰듯이 춤을 추었다. 까만 밤 불빛 속으로 날아드는 불나비 한 마리였다. 나비는 쉴 사이 없이 날개를 펄럭이다 제자리를 돌다가 멈춰서 가쁜 숨을 내쉬곤 했다. 문틈으로 훔쳐보던 나는 촛불이 흔들리면 바람일까 귀신일까 두근거리는 가슴을 가다듬어야 했다.

하얀 매듭을 매었다가 푸는 고풀이는 힘차고 빠른 몸짓이었다. 엄마는 비손을 한 채 셀 수도 없이 절을 하며 신을 부르고 있었다. 그 밤, 신은 엄마의 애달픈 이령수를 어두운 하늘 어디쯤에서 듣고 계셨을까. 문틈으로 보이는 엄마의 앙상해진 등허리가 종잇장처럼 금방 바스러질 것만 같았다.

엄마의 가슴은 아버지의 신음소리도 가슴에 품고 배고파 울던 아홉 자식의 우는 소리도 차곡차곡 쟁이는 커다란 동굴이었다. 그 답답한 가슴 누군가에게 열어젖히고 싶었던 순간 알아주는 이 없는 세상에 하고 싶은 말은 얼마나 많았을까. 바람에 꺼져버린 촛불을 다시 붙이며 밤을 새우던 엄마의 비나리는 하늘에 닿고도 남았을 것이다.

북소리와 하얀 나비의 춤과 엄마의 이령수는 동살 틀 무렵이 되어서야 끝이 났다. 하얗게 밤을 새운 엄마는 못다 한 말이 남았던지 동쪽을 향해 그림같이 서 있었다. 달구비가 오려는지 새벽바람 한줄기 엄마의 치맛자락을 휘감아 돌고 북소리와 함께 밤을 새운 나뭇잎이 마당 귀퉁이에서 새벽잠을 청하고 있었다.

부뚜막 조왕에 올려 둔 정화수를 집안 곳곳에 뿌리고 식구 수대로 상 위에 올려 두었던 소지에 불을 붙여 허공으로 날려 보냈다. 엄마의 비나리는 타다 만 불꽃이 되어 하늘 높이 날아올랐다.

멍석 바닥에 엎드린 무용수가 두 손을 위로 뻗어 머리를 조아렸다. 신 앞에 인간의 나약함과 무력함을 고백하는 처연한 몸짓이다. 그날 숨소리조차 죽이며 천지신명께 매달리던 엄마의 간절한 염원을 보는 듯하다. 두 팔을 무겁게 천천히 들어 올렸다가 깊이 내쉬는 호흡에 맞춰 내려놓는다. 시나위 가락이 긴 여운을 남기고 사라졌다. 세상의 번뇌를 다 내려놓으시던 아버지의 마지막 숨소리처럼.

인간의 번뇌를 춤으로 승화시킨 살풀이춤은 신과 소통을 간절히 원하던 인간의 피맺힌 염원이 담긴 춤이다. 박자를 길게 늘여 움직이는 듯 멈추어 선 듯하면서 온 가슴으로 숨을 들이쉬고 내쉰다. 들숨과 날숨이 한을 풀어내는 듯 보는 이들의 숨소리조차 가쁘다. 찍고 다지고 풀고 맺는다. 엇딛고, 멈추고, 다시 모아 흩트리면서 뿌린다.

단단하게 매어 있는 인연의 사슬을 풀어내는 영혼의 춤이었다. 맺힌 한을 풀고 괴로움과 슬픔을 달래는 몸짓 속에 번뇌도 질긴 인연의 고통도 사라져가고 있었다. 살풀이춤 한 마당에 오래된 상처를 새삼 어루만지며 가슴이 흥건하게 젖는다.

사라지는 것은 그리움을 남기고

잠시 도시살이를 하는 동안 살피지 못한 항아리를 끄집어내 보았다. 두 번의 해를 넘겼을 뿐인데 그사이 거미줄이 생기고 밑바닥에서는 사그락거리며 흙가루가 떨어져 나간다. 들여다보지 못한 사이 그 몸이 헐어 흙으로 돌아가려 했던가 싶다.

애초에 한 줌 흙으로 시작된 생명이다. 어머님의 손때가 묻은 크고 작은 항아리들이 장독대에서 반짝거리며 제 몫을 하던 때가 있었다. 아파트로 이사하면서 이곳저곳에 나누어 보내고 자그마한 것 두 개를 베란다 한쪽에 세워 두었다. 된장 고추장은 내손으로 계속 담가 먹어야겠다는 생각이었다.

시내를 벗어난 한적한 곳에 오래된 옹기전이 있었다. 옹기를 굽던 인월요업窯業 넓은 마당에 가마터는 사라지고 깨진 파편들이 널브러져 있었다. 대문이랄 것도 없는 입구에는 유물처럼 덩치 큰 항아리가 지키고 서 있었다. 비바람에 씻겨나간 상처마다 황토색이다. 가만히 두드려 보았다. '댕~댕~' 살아있는 생물체인 양 발끝까지 은은하게 울려 퍼지는 소리가 여운을 남기고 잦아든다. 그 속이 비어 있어야 낼 수 있는 소리다. 부잣집 장독대 맨 뒷줄에서 그 커다란 배를 양껏 채우고 싶었던 적도 있었을 것이다.

창문으로 들여다 본 건물 안에는 전시장처럼 옹기를 모아놓은 곳이 있었다. 쓸모를 다하고 시간만 더듬고 있는 항아리들이 키 맞춰 서 있었다. 뒤쪽에는 배가 불룩한 것, 키는 크지만 배가 홀쭉한 것, 입이 작고 몸뚱이가 가느다란 항아리들도 서 있었다. 큰 항아리 발치에는 작은 그릇들이 옹기종기 모여 한때 귀한 대접을 받으며 밥상을 오르내리던 지난날을 그리고 있었다.

물을 담으면 물 항아리, 소금을 담으면 소금 항아리, 쌀을 담으면 쌀 항아리, 흙으로 빚어진 것들이 쓰임새에 따라 이름도 제각각이었다. 뚝배기, 옹배기, 옴박지, 자배기, 방통이, 항아리, 도기지, 널박지, 동이. 그 중에 뚝배기는 서서히 달아오르며 그만의 온기로 믿음직한 사람을 떠올리게 한다. 걸진 농담이나 함부로 건넨 헤픈 말도 감싸주고 덮어 줄 것만 같다. 흙과 물과 바람과 불로 빚어낸 그릇이 무엇을 담느냐에 따라 그 가치와 의미를 달리했다.

소금은 제일 큰 항아리에 담았다. 인간이 살아가는 데 없어서는 안 될 존재인 소금은 모든 음식에 스며들어 맛을 내는 데 첫째가는 것이라 귀한 대접을 받기 때문이었다. 조금 작은 항아리에는 간장, 그보다 더 작은 것에는 된장, 그보다 더 작은 것에는 고추장, 그리고 자잘한 단지에는 여러 종류의 장아찌가 담겨 있었다. 항아리를 키대로 줄 맞춰 세워놓고 그 사이를 오가던 어머님은 항아리 안에 들어있는 간장과 된장이 잘 익어 가는지 알뜰하게 살피셨다. 장독대에서 익어가던 것들은 어머니의 셀 수 없는 발걸음과 햇볕과 바람의 노래를 들으며 깊은 맛으로 익어갔다.

어머님은 '장독이 살아 숨 쉰다.'고 하셨다. 숨구멍을 내 줘야 한다며 매일 쓰다듬듯 행주질을 하셨다. 항아리는 살아있는 생명체와 같아서 제 몸속에 습기가 많으면 내뱉고 건조하면 들이마신다고 했다. 항아리는 그 안에 있는 것들을 익게 하고 또한 그 안에 넣어 둔 것들이 제 본래의 모습을 간직할 수 있게 보듬어 주는 숨쉬는 창고였다. 볕이 좋은 날엔 뚜껑을 열어 두었다가 멀리 비구름이 몰려오면 장독대 비설거지부터 서두르셨다.

지금은 어떤 그릇에 음식을 담느냐에 마음 쓰는 배부른 시대가 되었다. 장독대는 편리함과 최신 기능을 갖춘 냉장고에 밀리고, 식탁은 화려하고 다양한 모양의 그릇들이 차지해 버렸다. 투박하고 묵직함을 자랑하던 것들은 설 자리를 잃어버리고 보이지 않는 곳으로 밀려나 외면당한다. 작은 생채기에도 붉은 상처를 드러내던 항아리는 양지바른 장독대에서 간장이 익어가던 그때를 그린다. 어머님의 치맛자락이 스치며 지나는 발소리에 채송화꽃 맨드라미꽃이 벌 나비를 부르던 그 시절을.

사라지는 것들은 그 자리에 그대로 머물고 싶어 한다. 떠밀리고 외면당하면서 슬프게 떠나가지만, 언젠가 다시 돌아올 수 있기를 간절히 원한다. 하지만 세상에 영원히 존재하는 것은 없다. 모든 소중한 것들도 그 생명을 다하고 사라지기 마련이다. 원치 않아도, 보내려 하지 않아도 떠나간다. 우리 곁을 떠나가고 사라져가는 것이 옹기뿐이랴. 젊음도 시간도 가뭇없이 사라지고, 놓칠 수 없을 것 같은 사랑도 떠나가고 내 목숨보다 더 소중한 사람도 떠나간다. 사라지는 것들은 단순히 헤어지는 것이 아니라 여백을 남기고 그리움도 남긴다. 우리의 삶 속에 스며들어 함께했던 것들이 되돌릴 수 없는 세월 따라 아쉬움을 남기며 사라져 간다.

슬픔이 숨어 있는 곳

수원에서 출발한 열차가 천안을 지나고 있을 때였다. 통로 반대편 마주 보이는 좌석에 앉아있던 노신사가

"내가 왜 기차를 탔는지 모르겠소. 미안하지만 나를 좀 도와주시오."

내게 사정하는 것이었다. 갑자기 가슴이 쿵하고 내려앉는 듯했다. 책을 읽다가 머리를 들면 노신사의 시선과 부딪치곤 했었다. 애써 눈을 피하면서 책을 읽는 척 앉아있던 참이었다. 헐렁한 양복 차림과 굽은 어깨, 주름진 얼굴이 지쳐 보였다. 손에는 들고 있는 지팡이 하나가 전부였다. 마침 지나가는 승무원에게 사정 이야기를 해서 귀가할 수 있도록 도움 받을 수 있어서 다행이었다.

초점 없는 눈으로 물끄러미 바라보던 눈이 생애 마지막 겨울을 보

내던 내 어머니의 눈과 닮아 있었다. 어머니는 언젠가부터 우리들을 알아보지 못하셨다. 당신 삶의 전부였던 자식들을 알아보지 못하는 어머니의 마음속 풍경을 알 수가 없었다. 얼굴을 가까이하고 눈을 맞추어도 내 어깨 너머 먼 허공을 물끄러미 바라보고 계셨다.

"어디서 오셨소?" 어머니에게는 만나는 사람마다 처음 대하는 이방인이었다. 표정을 잃어버린 어머니는 그렇게 당신과 맺었던 인연을 천천히 밀어내고 있었다. 지금 생각하면 당신 삶의 마지막을 의식하며 당신의 지나간 날들을 지우고 싶었던 것 같다.

잡았던 손을 놓고 일어서면 "바람같이 왔다가 구름같이 가는구나." 하실 때면 발길을 돌리지 못하고 도로 주저 앉곤 했었다.

어머니의 기억은 하늘을 떠다니는 구름 같았다. 한곳에 있지 못하고 바람 따라 사라졌다 나타나는 가볍기 그지없는 것이었다. 허공을 향한 알 수 없는 말들은 당신만이 아는 세상의 언어였다. 병원에 누워 계시던 긴 시간 자주 벽을 향해 누워있던 뒷모습이 떠오른다. 단 한 걸음도 침대에서 내려오지 못하고 벽 너머 아득한 곳, 생의 끄트머리를 바라보고 계셨는지도 모른다.

아버지가 떠나가신 후 가족들이 우울한 날을 보내고 있을 즈음이었다. 새벽이 오는 대문 밖을 바라보며 우두커니 마당에 서 있던 어머니의 뒷모습을 본 적이 있다. 숨기거나 꾸밀 수 없는 뒷모습은 연민을 자아낸다. 앞모습에서 볼 수 없었던 슬픔이 등 뒤에 고여 있었다. 슬픔은 등 뒤에 숨어 사는 것이었다. 어머니의 외로움이 가슴 저

릿하게 전해오던 그 아침, 사람들은 슬픔의 실체인 자신의 뒷모습을 보지 못하고 무덤까지 가는 것이라는 생각을 했었다.

두 손을 지팡이에 올려놓고 나를 바라보던 회색빛 노신사가 오랫동안 잔영처럼 남아 있다. 헝클어진 머리카락과 야윈 몸은 하얗게 퇴색해 버린 폐허 같았다. 내가 누구인지, 어디로 가야 하는지 달아난 기억을 찾아 목적지도 정하지 못한 채 어디로 떠나고 싶었을까.

누군가를 그리워했던 날의 추억과 사랑했던 아름다웠던 순간들, 그리고 아프게 헤어져야 했던 사람들을 그리며 추억여행을 하듯 지나간 시간을 찾아가는 여정이었는지도 모를 일이다.

그분은 대전에서 내려 승무원의 뒤를 따라 휘적휘적 플랫폼을 향해 사라졌다. 허공을 걷는 듯 흔들리는 발걸음이 지팡이와 함께 걷고 있었다. 환하게 불 밝힌 집에 무사히 도착해 사랑하는 가족들과 따뜻한 저녁을 보냈으리라.

기차를 탈 때마다 낮은 첼로음이 애잔하게 흐르는 영화의 마지막 장면처럼 슬픈 여운을 남기고 사라진 회색빛 노신사가 생각난다.

지팡이를 짚은 허망한 뒷모습이.

어미 새의 날갯짓

다리를 지날 때마다 눈이 가는 곳이 있었다. 위에서 내려다보면 물이 얕게 흐르는 곳에 왜가리 한 마리가 만들어 세워놓은 듯 서 있곤 했었다. 강변을 가꾸는 사업이 한참 진행되고 있던 때라 처음에는 관광용으로 만들어 세워놓은 것인 줄 알았다.

내 생각을 알아차린 듯, 아침 산책길에 보란 듯이 나지막하게 한 바탕 날더니 제자리에 돌아와 앉는 게 아닌가. 그곳이 먹이를 낚아채기에 좋은 길목이었던가 싶다. 긴 목을 늘이고 먼 곳을 바라보기도 하고 고개를 숙이고 물속을 들여다보는 모습이 마치 깊은 상념에 잠겨 있는 듯 보였다. 물길 따라 헤엄쳐 오는 물고기를 기다리는 왜가리를 매일 아침 그곳에서 만나곤 했다.

요천강 하류 늪지대 어디쯤 둥지를 틀었는지 강을 따라 부지런히 오르내렸다. 습지에 집성촌을 이루고 사는 여름 철새 왜가리가 요즘은 터를 잡고 겨울을 나는 경우도 많아졌다고 한다. 이른 봄 습지에 날아들어 짝을 만나고 새끼를 낳고 키우며 바쁜 여름을 보낸다. 이상기후로 인해 따뜻해진 남쪽 나라의 겨울 날씨에 적응한 새들에게는 멀고 위험한 길을 나는 것보다 안전할지도 모를 일이다. 먹성 좋은 왜가리에게는 먹이가 넉넉한 요천강 하류 습지가 최적의 터전일 것이다.

학인가 싶어 멈춰 서서 한참 서서 바라보면 왜가리다. 목이 길고 가는 다리가 멀리서 보면 구별할 수가 없다. 왜가리는 잿빛 등 뒤로 검은색 댕기를 둘렀다. 가느다란 다리로 여러 마리가 어울려 물속을 걸을 때는 우아한 발레리나의 춤을 연상케 한다. 부지런히 먹이를 물어 나르며 새끼를 키우는 일에 어미의 날갯짓은 쉴 틈이 없다. 가을이 오기 전에 새끼들이 날개를 펴고 힘차게 날아오를 수 있기를 기다리는 마음일 것이다.

이른 아침 왜가리 한 마리가 물가에 서 있다. 겨울 날씨 같은 아침에 발이 시릴 만도 한데 차가운 물속에서 자맥질을 반복한다. 둥지에서 기다릴 새끼들 생각에 조바심이 나지만 아침 한 끼 장만하는 일이 쉽지 않아 보인다. 오랜 기다림 끝에 기회가 찾아왔다. 먹잇감을 날카로운 부리로 재빨리 낚아챈 뒤에 그대로 꿀꺽 삼킨다. 먹이를 정확히 낚아채는 타고난 사냥꾼이다. 몸속 주머니에 넣어두었다가 새끼들에게 꺼내 먹일 것이다.

초등학교 시절 좁은 교실에 60명이 넘는 아이들이 북적거렸다. 시도 때도 없이 소리 지르고 떠들어 대는 우리들에게 선생님께서는 '왜가리 떼가 떠드는 소리 같다.'고 하셨다. 왝왝거리며 공중을 나는 왜가리 소리보다 덜하진 않았을 것이다. 믿거나 말거나 한 소리이지만 왜가리는 천적에게 잡아먹히지 않으려고 입에 돌을 물고 날기도 한단다. 할 말 안 할 말 가리지 못하는 인간이 새겨들어야 할 이야기인 듯하다.

왜가리는 지능이 높아 스스로 행하는 특별한 건강 비법을 지니고 있다. 긴 부리로 자신의 항문 속에 물을 집어넣어 대장의 찌꺼기를 씻어 낸다고 한다. 지능이 높은 이유가 장이 깨끗하기 때문이라는 말이 그럴듯하다. 주먹만 한 머릿속에 따라 할 수 없는 지혜를 담고 있는 게 놀랍다.

일상생활이 힘들 만큼 더운 날씨가 연일 계속되고 있다. TV영상 속에 뙤약볕을 가리고 선 왜가리의 날갯짓이 화제다. 태양이 움직이는 방향 따라 날개를 펴고 그늘을 만들어 새끼를 보호한다. 불같은 더위를 견디는 어미새의 날갯짓이 눈물겹다.

어미의 삶은 죽는 순간까지 자식이라는 열매를 위해 살다가 무덤을 향해 가는 것인가 싶다. 살아생전 새끼들이 스스로 먹고 살 만큼 되어야 눈을 감을 수 있는 존재다. 물속에서 아침저녁 자맥질을 하는 왜가리, 늦은 저녁까지 지치도록 일을 해야 하는 인간도 죽어야 멈출 수 있는 끝없는 자식 사랑이다.

온 정성을 다해 키운 새끼들에게 “어미보다 높이 날아서 멀리 보렴.” 말할 것이다.

해 저문 강기슭을 오르내리는 왜가리 한 마리가 저녁 거리를 찾으러 물가에 내려앉았다. 더 어두워지기 전에 저녁거리를 장만해야 하는 어미 새가 물속에 머리를 조아리듯 한 모습이 처연해 보인다. 어미새가 수고한 하루를 접고 새끼들과 배부른 저녁만찬을 즐길 수 있기를….

오래된 이야기

병아리가 내게 친구였던 때가 있었다. 결혼식을 마치고 남편은 먼 곳에 있는 직장으로 떠나고 함께 갈 수 없는 형편에 나는 시댁에 머물러야 했었다. 시내버스를 타고 한 시간을 덜거덕거리며 가야 하는 곳에는 친구 하나 없고 갈 곳도 없는 시골생활이었다. 유배된 듯한 늘어진 시간은 견딜 수 없이 무료했고 밤낮없이 밀려오는 외로움에 앓던 시절이었다. 어렵기만 한 시댁 식구들 속에서 자주 숨이 찼고, 아무에게도 꺼내 놓을 수 없는 말들이 쌓여가고 있을 때였다. 우연히 병아리 사육에 관한 책을 빌려 읽다가 서툴고 무모한 도전을 감행한 것이었다.

장터에서 '어리'에 담긴 병아리 사십 마리를 데려왔다. 알을 깨고 나온 지 일주일 된 갓난 아기 같은 노란 병아리를 사온 것이다. 낮선 곳에 실려 온 어린 병아리들은 엄마 품을 떠난 두려움 때문인지 부리를 내밀고 삐약거리며 울어댔다.

커다란 종이상자 양쪽에 구멍을 내고 전선을 연결한 후 전구를 꽂았다. 병아리 집에 난방시설을 한 것이다. 바닥에 신문지와 짚을 깔고 모이 그릇과 물그릇을 챙겨 넣었다. 상자를 계단 밑에 갖다 놓고 오고 가며 하루하루 자라는 병아리를 살폈다. 울고 먹고 똥을 싸면서도 잠 잘 때 빼고는 늘 울고 보채는 병아리가 춥지 않은지, 덥지 않은지, 배가 고픈지, 목이 마른지, 온 정성을 기울였다.

실내 온도가 올라가면 한쪽 다리를 뒤로 길게 뻗어 기지개를 켜고, 내려가면 서로 엉겨 붙어 구석으로 몰려들었다. 두 개의 전구를 번갈아 켰다 껐다 하면서 실내 온도를 맞춰주었다. 한 마리도 낙오되지 않고 자라는 녀석들은 신기하게도 생각지 못한 일상의 기쁨을 안겨 주었다.

키가 자라고 몸도 자라 병아리 집을 두 개로 늘려야 했다. 매일 아침 상자 두 개를 옥상으로 들고 올라가 일광욕을 시키기 시작했다. 햇볕을 쪼이며 녀석들은 경주를 하듯 뛰어다니기도 하고 낮잠도 즐기고 끼리끼리 모여앉아 작은 부리로 대화를 나누기도 했다.

하루가 다르게 깃털이 자라고 닭의 모습을 갖추더니, 저무는 서쪽 하늘을 바라보며 생각에 잠기는 녀석도 있었다. 오지 못하는 사람을 기다리는 슬픔을 알 리 없는 녀석들은 석양빛 하늘이 왜 슬퍼 보이는지 알지 못했고, 그리움과 슬픔은 같은 가슴에서 태어난 쌍둥이라는 것도 알 턱이 없었다.

옆집에서 얻어 온 술지게미를 실컷 먹고 녀석들이 취했던 날이 생각난다. 아예 그릇을 엎고 발로 헤집어가며 먹어대던 녀석들이 취해 버렸다. 눈을 내리깔고 비척거리는 모습은 지금 생각해도 웃음이 난다. 그날이 그날 같은 지루한 일상에 취해 버리고 싶었든지 약속이나 한 듯 바닥에 주저앉아 꾸벅꾸벅 조는 것이었다. 술지게미는 얻어올 때마다 경쟁을 하듯이 먹어치웠다. 성장통을 아프게 견디며 주어진 운명에 순응하면서 그리움은 가슴에 묻고 살아야 한다는 것을 깨달았을지도 모를 일이다.

시간이 갈수록 각자 어울리는 옷으로 갈아입었다. 하얀색, 검정색, 갈색으로 나름 멋을 낸 녀석들에게 예방주사 맞히던 날이 생각난다. 약과 주사기를 챙겨 든 나를 두려운 눈으로 바라보는 것이었다. 양 날개를 한 손으로 잡아 치켜들고 한 마리씩 겨드랑이에 주삿바늘을 꽂았다. 내가 더 긴장하고 비장해지던 순간이었다.

"미안해. 조금만 참아줘."

실은 난생처음 주삿바늘을 꽂아보는 내가 더 많이 긴장하고 있었다. 그날 순순히 응해주던 녀석들이 나를 깊이 신뢰하고 있다는 것을 느낄 수 있었다. 인간이 아닌 동물과도 교감을 나눌 수 있다는 것을 반려동물을 키워보지 않은 내가 처음 알 게 된 순간이었다. 녀석들이 지닌 습성과 감각을 하나 하나 지켜보았던 내가 병아리들의 동그란 눈빛을 마주하면서 인간이 다른 생명체와 교감을 나눌 수 있음을 알 수 있었다.

대문에서 바라보이는 면사무소 앞에 버스 종점이 있었다. 아침과 저녁 버스가 들어오는 시간이면 나도 모르게 뛰어나가 서 있곤 했었다. 온다는 소식은 없었지만, 올 것만 같아 그 시간이면 늘 그 자리에 나가 승객이 사라질 때까지 서 있곤 했었다. 내 젊은 날, 기다림의 시간이 쌓여 해를 넘겼다.

마당 한쪽에 어른이 된 사십 마리가 먹고 자고 놀 수 있는 닭장을 지었다. 모래 동산을 만들고 비를 피할 수 있는 지붕도 만들었다. 높은 곳을 향해 날고 싶은 녀석들을 위해 대나무로 만든 '횃대'도 두 개 만들어 올려놓았다. 열 마리밖에 되지 않은 수탉은 빨간 볏을 머리에 얹고 멋진 꼬리를 치켜세우며 카사노바처럼 닭장을 누볐다.

자주 상대를 바꾸는 바람둥이들은 암탉끼리 깃털을 곤두세우고 싸움판을 벌이게 만들곤 했다. 암컷 수컷 할 것 없이 녀석들의 깃털은 윤기가 흘렀고 닭장 안은 분홍빛 젊음으로 가득했다. 이른 새벽 수컷들은 횃대에 올라 목청을 자랑하며 기상나팔을 불었다. 하루도 거르지 않는 나팔소리에 까무룩 잠들었다가 깨어 부치지 못할 편지를 쓰곤 했다.

초여름 어느날 기다리던 반가운 소식이 날아들었다. 기다림의 시간이 끝난 것이다. 더 이상 버스 종점에 나가 기다리지 않게 되었다. 녀석들과 아침 저녁 눈을 맞추던 시간도 멈춰야 했다. 그날, 내 발소리를 잘도 알아듣고 달려오던 녀석들이 평소같지 않은 내 마음을 눈치를 챈 것 같았다. 이별의 마지막 손을 흔드는 나를 외면한 채 부리를 날개 속에 깊이 처박고 서있었다. 만나고 헤어져야 하는 인연의 속성을 알고 있었을까.

아득한 시간 저 너머 외로웠던 날들이 영롱한 별이 되어 오늘 하루 추억에 잠기게 한다. 오래된 전설처럼 가슴 속에 남아있던 한 토막 추억이 새삼스럽게 아름답다.

조각보

발길이 머무는 곳에서 계절의 흐름을 읽는다. 가을은 지리산 자락 끄트머리 시골 장터에 먼저 달려와 있었다. 화개장터가 경상도와 전라도를 가로지르는 곳이라면, 그 경계선을 넘나드는 '인월 5일장'이 있다. 투박하고 거친 사투리를 내뱉는 사람들이 뒤섞여 들고 나는 지리산 자락에 모여드는 작은 시장이다.

떨어져 뒹구는 낙엽이 인파를 헤집으며 앞서가고, 들썩거리는 시장에 앞서거니 뒤서거니 줄 지어 걷는 사람들은 즐비한 물건들을 기웃거린다. 좁은 길 양쪽에 흙에서 나고 자란 것들이 모양도 다채롭게 쌓여있다. 농사짓고 사는 친구는 나눠도 나눠도 남는 게 농사짓는 재미라고 했었다. 한 줌 덤이 따라오는 푸짐한 인심에 마음도 장바구니도 풍성해진다.

귀에 꽂히는 익숙한 사투리가 날것으로 퍼덕이는 풍경 속으로 스며들었다. 이른 봄 땅속에서 꼼지락거리던 씨앗들이 긴 장마와 무더위를 견디고 어느새 빨갛게 익어 매운 기운을 내뿜는다. 제철을 맞은 고추가 사고파는 사람들을 마주 세웠다.

난장에 앉아 잔파를 다듬는 노인의 손에 모진 삶의 흔적이 묻어 있다. 어떻게 살아왔는지 무엇을 견디어 냈는지 수많은 말을 하는 주름진 손이다. 어중간하게 익은 호박도 궤짝 위에 올라앉아 있다. 예쁘지도 않고 탐스럽지도 않아 아무도 봐주지 않는 중년 여인을 닮았다는 말이 생각나 혼자 웃는다.

멀리 또 가까이에서 모여든 장꾼들이 저마다 외쳐대는 소리가 세상살이 애환을 쏟아내는 것 같다. 비릿한 바다 냄새와 흥건한 땀 냄새가 장터 등줄기를 타고 흘러내리는 곳에 먼 바다에서 온 생선들이 눈길을 붙든다. 바닷가에서 보았던 물오른 생선은 없다. 숨을 거두기 전에 배 밑바닥 냉동실로 던져진다는 동태는 그 얼어붙은 마음이 죽어서도 풀리지 않은 듯 온 몸뚱이에 아직도 얼음이 서걱거린다. 은빛으로 흐느적거리는 갈치는 눈을 감지 못한 채 키를 맞춰 길게 누워있다. 몸뚱이 두께와 길이에 따라 값도 달랐다. 날 선 겨울 바닷바람에 얼었다 녹았다 반복했을 북어도 있다. 나뭇가지처럼 바짝 마른 몸으로 잘려 나간 육신을 찾아 바다를 향한다. 다물지 못한 입은 할 말이 남은 것 같다.

세상에 존재하는 물감들을 다 풀어놓은 듯 울긋불긋한 시골 장터는 자투리 천을 이어 붙여 만든 조각보를 닮았다. 어울릴 것 같지 않은 색깔과 무늬들이 서로 스며들어 조화를 이루던 조각보.

시집올 때 반짇고리에 고이 접어 넣어주신 조각보를 떠올린다. 아파트로 이사 오면서 찾은 장롱 맨 밑바닥에 납작 엎드려 있었다. 그것은 한동안 늦게 귀가하는 식구들을 기다리던 '밥상보'였다. 엄마 곁에는 늘 반짇고리가 붙어 다녔다. 재봉틀과 반짇고리만 있으면 무엇이든 만들어내시던 요술 상자 속에는 쓰다 남은 천 조각을 모아 놓은 것과 실패 골무 단추 바늘꽂이 등 작은 것들로 가득했다. 쓸모없을 것 같던 자투리 천 조각이 엄마의 손끝에서 한나절 숨바꼭질을 하고 나면 골무가 만들어지고 단추도, 예쁜 바늘꽂이도, 세상에 없는 조각보도 만들어졌다.

내게 주신 조각보에는 한가운데 노란색을 동그랗게 심어놓아 주위를 환히 밝히며 살아가기를 원하신 엄마의 마음이 담겼다. 선명한 노란색을 중심으로 동서남북을 구분 짓고 비슷한 색깔끼리 이어 붙였다. 집안 가득 따뜻한 온기와 풍요로움이 흘러넘치기를 기원하는 마음을 담은 붉은색, 어느 색과도 잘 어울리는 탄생의 신비와 환희를 의미하는 흰색, 어려움이 닥쳤을 때 꿈과 희망을 잃지 않기를 바라는 파란색, 그리고 마음에 남는 상처는 깊어지기 전에 치유되기를 기원하며 보라색 계열끼리 이어 놓으셨다. 꺼내 볼 때마다 무탈하고 편안한 삶을 원하셨던 간절한 그 마음이 느껴진다. 대가족 맏며느리로 시집보내는 딸에게 조각보에 새겨넣은 엄마의 마음을 나이 들어 먹먹한 가슴으로 떠올려 보곤 한다.

시끌벅적하던 시장에 노곤함이 내려앉는 시간, 추켜세우는 유행가 가락이 장바닥을 누빈다. 장꾼들이 잠시 허리를 펴고 숨을 가다듬는다. 햇살이 잠시 비켜선 장터에 막걸리 사발이 오가는 모습은 시골 장터에서 빼놓을 수 없는 모습이다. 갈증을 달래는 장꾼들 어깨 위로 흐르는 노랫가락은 지친 어깨를 들썩이게 한다. 사고파는 사람들이 주머니 속을 계산하며 목소리를 높여보지만 더할 것도 없고 덜할 것도 없는 삶이 솔직하게 펼쳐져 있는 곳이다.

장터를 빠져나와 뒤를 돌아보았다. 커다란 조각보 한 장이 석양에 물들었다. 일상이 지치고 무기력해질 때엔 삶의 민낯이 보이는 시장에 가 볼 일이다. 떠들썩하고 왁자지껄한 장터에서 늘어진 고무줄 같던 시간이 팽팽하게 당겨지는 느낌이다. 내가 오르려 했던 곳과 내려가야 할 계단이 선명하게 드러나 보이고, 무엇을 그토록 힘들어했는지 돌아보며 처진 어깨를 가만히 추슬러 보게 된다. 자전거에 뒤뚱뒤뚱 커다란 보따리를 싣고 왔던 아저씨가 검정 비닐봉지 몇 개 매달고 가을 벌판을 달려간다. 하루치의 몫을 잘 팔았다면 땀에 흠뻑 젖었어도 기쁨과 보람으로 충만하리라. 긴 그림자 앞세운 뒷모습이 그림 같다.

3부

풍경 그 너머

겨울 바다에 뛰어드는 남자

아침에 읽었던 기사가 머릿속에서 떠나지 않는다. 사진 속 남자는 스쿠버 다이버 복장을 하고 있었다. 기억 속에서 멀어진 10년 전 동일본 대지진 쓰나미를 떠올리게 하는 사건 속에 가슴 뭉클한 남자의 이야기가 실려 있었다.

아무리 아픈 상처도 시간이 가면 조금씩 아물고 새살이 돋는 것이다. 남은 사람들의 기억 속에서 지워지고 점점 퇴색해 가는 것이라 생각 했었다.

사진 속 중년을 넘긴 남자를 놓아주지 않은 것이 무엇인지 그 슬픔의 크기와 부피가 줄어들지 못하고 가슴에 못이 되어 박혀 버렸다. 한겨울 차가운 바다로 뛰어드는 '가마쓰 야스오'씨는 쓰나미가 앗아간 아내를 찾고 있었다. 쓰나미가 참혹하게 그의 운명을 덮치던 날, 아내의 직장이 있는 곳으로 달려갔지만, 모든 것이 사라져 버린 뒤였다.

날마다 아내의 흔적이라도 찾고 싶어 바닷가를 헤매다가 기적처럼 아내의 휴대폰을 찾게 되었다고 한다. 다행인지 불행인지 그 안에 절박했던 순간 미처 보내지 못한 아내의 한마디가 남아 있었다.

"여보, 집에 가고 싶어요. 무서워요."

지금도 자신을 애타게 부르는 아내의 목소리가 환청처럼 들린다고 한다. 살려달라는 절규가 시도 때도 없이 들려와 직장을 포기하고 아내를 찾아 나선 지 10년이다. 잠수부가 되기 위해 훈련을 받고 자격증도 취득한 그는 오늘도 차가운 바다에 뛰어들어 아내를 찾아 헤맨다.

행복했던 과거를 추억하는 것이 축복이라면 모진 상처를 남긴 과거를 망각하는 것 또한 축복이라 여긴다. 이제 그만 아내를 보내주어야 하지 않을까. 진즉 레테의 강을 건너버린 아내는 이미 남편과 사랑했던 추억을 잊었을 것이다.

그는 오늘도 아내를 부른다.

"여보 그만 집에 갑시다."

기필코 아내를 찾아 집으로 데려가겠다는 생각뿐이라 했다.

차가운 겨울 바닷속에 뛰어들어 자맥질하는 이 남자의 지독한 사랑. 누가 좀 말려주었으면…. 사랑은 부패할 수밖에 없는 유기체라고 누가 말했던가. 그 말은 틀렸다. 아내를 떠나보내지 못하는 이 남자의 사랑은 내가 모르는 머나먼 우주에 닿아 있는 게 분명하다.

더불어 사는 나무

우리의 여행은 뉴질랜드 북쪽 끝에서 남쪽 끝을 향해 달리는 여정이었다. 머무는 시간이 많아질수록 신이 축복한 이곳을 부러운 마음으로 바라보게 된다. 크고 작은 설산 아래 맑은 호수와 태양이 펼치는 빛의 향연이 펼쳐지는 곳이다. 호수를 끼고 길게 이어진 도로를 달리는 우리를 따라오던 데카포 호수는 하늘색 가루가 묻어날 것만 같았다. 녹아내리는 빙하수가 빚어놓은 호수는 지상의 빛깔이 아닌 듯 신비로웠다.

구름을 뚫고 우뚝 선 마운트 쿡이 하얀 고깔모자를 쓰고 있었다. 이즈음 만년설이 녹아내리면서 모자를 벗어 내리는 중이라 했다. 눈앞에 펼쳐진 장엄한 자연 앞에서 새삼 숙연해지는 마음이었다.

유황 냄새가 진동하는 로토루아 화산지대에서는 살아 숨 쉬는 지구가 거대한 생명체라는 생각을 했다. 부글거리며 끓고 있는 땅이 언젠가 하늘까지 솟구치다가 폭발해 버릴 것만 같았다. 딛고선 땅이 뜨겁게 달구어진 돌을 밟은듯한데 그 곁에 하얀 마누카꽃이 피어 있었다. 원주민 소녀가 마누카꽃처럼 하얀 미소를 짓고 우리를 반기고 있었다.

여행 막바지에 북섬 로토루아에 있는 레드우드 숲을 찾았다. 원근이 사라진 수묵화 속으로 들어온 듯했다. 칙칙하고 검푸른 숲속에 키 큰 나무들이 열병식 하듯 줄지어 서 있었다. 고개를 한참 젖히고 올려다본 우듬지 나뭇잎 사이에 파란 하늘이 눈부시다. 나무의 키를 백 미터가 넘게 키운 것은 하늘을 향한 끝없는 발돋움이었을 것이다.

해변 길 가운데 서서 숲을 등지면 바다, 바다를 등지면 레드우드 숲이었다. 남태평양 잉크빛 바다 위 저 멀리 수평선이 아득하게 보이는 곳에 수백 년 동안 바다를 향해 서 있었을 레드우드가 태고의 적막감을 안고 우리 일행을 맞아주었다. 여행 막바지에 지친 몸을 부려 놓고 싶은 편안함을 내어준다. 깊이 들어갈수록 원시의 시간 속으로 빨려드는 듯한 정적 속에서 일행이 내지르는 탄성이 메아리처럼 숲속을 맴돈다. 길을 잃을 것만 같아 자꾸만 뒤를 돌아보았다.

레드우드는 다른 나무가 흉내 낼 수 없는 균형미와 반듯함을 느끼게 하는 나무였다. 하늘로 치솟았지만, 뿌리를 깊이 내리지 않는다. 나무의 크기가 뿌리에 비례한다는데 레드우드는 뿌리를 깊이 내리지 않고 반듯하게 서서 옆으로 다가서고 엮이며 거센 바닷바람을 함께 이겨낸다고 한다. 서로가 서로에게 힘이 되어주고 의지하며 살아가는 레드우드를 그곳 사람들은 '더불어 사는 나무'라 부른다.

나무를 주제로 한 산문 《나무열전》(강판권) 한 페이지를 떠올린다. 나무가 한곳에 머무는 것은 땅에 뿌리를 박고 있어서가 아니라 심어진 곳에 바로 선 채로 세상 사는 이치를 깨닫기 위함이라고 했다. 나무의 결과 무늬가 아름다운 것은 결대로 살았기 때문이라고도 했다. 결대로 사는 것이 목리木理라면, 순리에 따르며 사는 것이 사람 사는 세상 이치라 할 것이다. 말없이 견디고 베풀며 제 자리를 지키는 나무는 인간이 스스로 깨우치기를 기다리며 표표히 지켜볼 뿐이라고 했다.

세월의 더께 같은 이끼 사이에 얽히고설킨 뿌리가 흙을 단단히 움켜쥐고 있었다. 밟히고 베이고 찢긴 뿌리의 상처가 수백 년 살아오는 동안 무늬를 만들어 놓았다. 매 순간 살아가는 나무는 미래를 꿈꾸지 않는다고 한다. 나무의 삶도 힘들고 버겁기는 사람과 다르지 않아 보인다. 사람도 나무도 상처를 이정표 삼아 새롭게 몸과 마음을 곧추세워가며 살아갈 뿐이다.

이끼 낀 바닥에 길게 누운 레드우드 한 그루가 있었다. 수명을 다한 지 오래되었을 것 같은 나무의 표피가 검은색이다. 버티고 견디다가 쓰러졌을 나무가 감당해 내지 못한 게 무엇이었을까. 서 있을 때보다 한참 더 길어 보인다. 거목은 뿌리의 흔들림을 미리 알고 신음 소리를 낸다는데, 우리 사는 세상 큰 별이 지던 순간처럼 하늘이 놀라고 땅이 두려움에 떨었을 것이다. 비바람 몰아치던 어두운 밤 소리 내어 울었을 나무의 사연이 무엇이었는지 묻고 싶다.

일곱이나 되는 어린 나무를 죽은 몸 위에 키우고 있었다. 씨앗 하나 바람에 실어 날려 보내면 그만인 것을, 죽어서도 내려놓지 못하고 끌어안고 있었다. 썩어서 흙이 되고 마침내 그 흔적조차 사라지는 게 삶의 근원인 것을 나무는 더 잘 알고 있을 터인데, 말라버린 등으로 하늘에 닿기까지 치켜 올려주고 싶으리라.

숲 속에 석양빛이 드리우기 시작하고 고즈넉한 숲 속에는 인간을 거부하는 듯 태고의 정적이 감도는 듯했다. 석양의 바다를 등진 숲은 어둠이 일찍 스며드는 곳이었다. 나무에 기대어 살며시 귀를 대 보았다. 높은 곳에서 전해오는 바람 소리가 귓전에 와 닿는다.

나무의 날숨은 사람의 들숨이 되어 탐욕과 분노, 어리석음을 다스린다고 했다. 괴테도, 야스퍼스도, 베버도 숲속의 오솔길을 걸으며 생각을 추스르고 수 없는 깨달음의 순간들을 만났다고 한다. 시작과 끝이 없는 숲을 걷는다는 것은 사색의 실마리 저 아득한 곳을 찾아가는 사색의 여정이었다. 나무의 속삭임에 귀를 기울이며 '너'가 아닌 '나'를 향한 시간이었다.

데미샘

오래전부터 그곳에 가보고 싶었다. 작은 물이 모여 흐르다 강이 되어 남해에 가 닿는다는 섬진강 시원始元, 그곳에서 발원한 물의 여정이 궁금했었다. 남편과 함께 데미 샘을 향해 길을 나섰다. 남원에서 출발해서 한 시간쯤 달려 진안 팔공산자락 휴양림 앞에 있는 안내소에 차를 세웠다. 한 시간이면 왕복할 수 있다는 안내소 직원의 말을 믿고 늦가을 햇살을 앞세우고 오르기 시작했다. 낙엽이 바스락거리며 따라오는 오르막길을 숨을 몰아쉬며 오르는 데만 한 시간이 걸렸다.

단풍나무와 산죽으로 둘러싸인 고즈넉한 곳에 이르자 자그마한 정자가 눈에 들어왔다. 그 아래 틈 사이에서 실낱같은 물이 흘러나오고 있었다. 두 손으로 가리면 지나가는 구름 한 조각도 담을 수 없는 작은 샘이다. 산마루를 지나던 바람도 목을 축이지 못하고 돌아갔을 것 같은 곳에 "蟾津江 發源地 데미샘"이라 쓰인 표지석이 서 있었다. 원래 '돌더미 시암'이 '돌데미 시암'이라 되었다가 언젠가부터 '데미샘'으로 불리게 되었다고 한다. 천상으로 올라가는 봉우리라는 의미를 담고 '천상 데미'라고 부른다는 글귀도 눈에 띄었다.

데미 샘 작은 물이 전라도와 경상남도를 넘나들며 굽이굽이 지리산 기슭을 돌아 흐르는 섬진강의 시작이었다. 도시의 심장을 가로지르고, 한적한 마을 앞을 휘돌아 흐르는 남도 오백 리 긴 여정이다.

바위와 모래 틈 사이에 고여 있던 물이 골짜기에서 달려온 물을 만나 도랑을 만들고 도랑은 다른 도랑을 만나 개울을 이루고 달려왔을 것이다. 부딪치고 뛰어내리고 큰소리로 고함치듯 흐르다 외진 산골 마을 앞을 지날 때는 가만 가만 속삭인다. 경쾌한 소리로 재잘거리다 평평하고 드넓은 곳에서는 모래밭에 누워 잠시 쉬어가기도 한다. 세상 구석구석 스며들어 나무와 들짐승과 풀벌레를 키우는 강은 항구하게 낮은 곳을 향하여 흐른다. 뒤를 돌아보지 않고 앞만 보고 달리는 강의 운명은 멈춰 설 수도 없고 물러설 수도 없다. 한 방울의 물을 만날 때마다 손을 내밀어 함께 바다를 향한다.

꽃 피는 봄날 강이 남도길 따라 여행을 한다. 벚꽃이 흐드러진 터널을 지나 구례 산동 마을 앞에 닿으면 노란색 꽃구름으로 덮인 마을을 멀리서 구경한다. 옹기종기 모여 사는 산 아랫마을에 봄이 달려와 일찌감치 산수유 꽃을 피운 곳이다. 유유히 흐르던 강은 구경

꾼과 장사꾼이 모여드는 화개장터에 이르면 떠들썩한 장마당 소리에 한바탕 일렁인다. 숨 돌릴 새 없이 바삐 흐르다 남도 끄트머리 광양에 이르면 진한 매화꽃 향기에 취하고 만다.

돌아오는 길 임실 덕치마을 섬진강 시인의 생가에 들렀다. 가장 맑은 물이 머문다는 그곳에 자그마한 한옥 한 채가 강을 내려다보고 있었다. 잔잔히 흐르는 강물 위에는 김용택 시인의 주옥같은 시가 물결치는 듯했다. 시인은 숨을 죽이고 흐르는 강물의 소리를 슬픔을 삼키는 여인네들이 어깨로 흐느끼는 소리라 읊었다. 마을 앞 오래된 느티나무도, 강 건너 병풍같이 둘러선 나지막한 산도, 반짝이며 흐르는 투명한 강물도 시인의 노래를 함께 읊고 있었다.

섬진강은 예술가들에게 영감의 원천이었다. 김훈 작가의 산문집에서 읽은 〈시간과 강물〉이라는 글이 생각난다. "여울져 흐르는 젊은 여름강의 휘모리장단이나, 이윽고 하구에 이르러 아득한 산야를 느리게 휘돌아나가는 늙은 강은 진양조 장단도 들리지 않았다. 산야는 본래가 인간이 연주할 수 없는 거대한 악기와도 같은 것이다."라고 했다. 자전거를 타고 섬진강변을 달리던 노작가의 귀에 들리는 강물의 소리를 판소리 장단으로 표현한 글이 멋스럽다. 너무 인상적인 문장이어서 동편제 장단을 떠올리게 하던 표현만은 선명하게 남아있다.

세상을 쓸어가 버릴 듯 비가 퍼붓던 지난 여름 탁류에 파인 상처가 그대로 남아 있는데 섬진강은 쓸쓸하게 가을을 보내고 있다. 다가을 겨울은 강에게는 가혹한 계절이다. 매서운 추위에 떨다가 밑바닥으로 내려앉는 생명체들을 끌어안고 숨 죽이고 살아야 한다. 강은 자신의 몸을 얼려 이불을 만들어 덮고 언 강에 스며드는 생명체들과 함께 겨울을 난다.

애면글면 끌어안고 흐르는 강이 지향하는 곳은 바다뿐이다. 쉴 새 없이 달려온 지친 몸을 부려놓고 휴식을 취하는 곳이다. 바다는 달려온 강물을 어머니처럼 넓은 가슴으로 받아들인다. 부서지는 파도가 파랗게 멍이 들어도 갈매기 노래 소리가 새벽잠을 깨워도 바다는 세상의 모든 물이 지향하며 달려가는 고향 같은 곳이다.

산중 돌 더미 틈에 숨어 흐르던 물방울이 거대한 강의 시작이라니. 상상했던 거대한 저수지도 아니었고 높은 곳에서 쏟아지는 폭포도 아니었다. 세상에 존재하는 모든 생명체의 시작도 씨앗 하나로부터 비롯되었음을 생각한다. 부딪치고 소용돌이치다가 조용히 서로에게 스며드는 물의 일생이 우리의 삶과 다르지 않다. 무심한 가을바람이 스쳐가는 강가에서 유유히 흘러가는 섬진강을 바라본다. 어느 곳에서 누구를 만나든 작은 인연도 소중히 가꾸며 강물처럼 낮은 곳으로 흘러가라 이른다.

무궁화 꽃이 피었습니다

생각지도 못한 만남이었다. 여름이 되면 먼 나라에서 고국을 사무치게 그리워하시던 할머니가 생각난다. 독일 여행 중에 만났던 그분이 지금도 무궁화를 심고 가꾸시는지 궁금하다.

도심에 있는 숙소에서 늦잠을 자고 일어나 창문을 열었다. 마당에서 계시던 할머니 한 분과 눈이 마주쳤다. “안녕하세요.”하고 인사를 했는데 “한국에서 왔어요?” 하며 할머니가 환히 웃는 게 아닌가. 낯선 땅에서 친자매를 만난 듯 반가웠다.

할머니께서 접시에 김치를 담아 건너오셨다. 고국의 동포를 한눈에 알아보는 것은 그리워하면 보이기 때문이라고 했다. 우리 일행이 투숙했던 곳은 동포 할머니가 운영하는 민박 시설이었다. 간호사였던 할머니는 반세기 전, 가방 하나 달랑 들고 고국을 떠나온 분이었다. 지긋지긋한 가난에서 벗어나고 싶은 마음과, 조국이 부강한 나라가 되기를 바라는 마음으로 고향을 떠나온 꽃다운 여인이 50년 세월을 하얗게 머리에 이고 그곳에 뿌리를 내리고 있었다.

고국으로 돌아갈 날만을 고대하며 사는 동안 운명처럼 탄광에서 일하는 동포를 만나 결혼했다. 정든 고국을 떠나온 외로운 사람끼리 만나 아들 딸 셋 낳아 독립시킬 즈음 갑자기 남편이 세상을 떠나버리고 돌아가리라던 마음은 주저앉고 말았다. 현실이 놓아주지 않았던 것은 어쩔 수 없는 일이었지만, 그곳에서 나고 자란 아이들 때문이었다.

문화가 다르고 다른 언어를 사용하고 교육을 받은 아이들이 또다시 낯선 언어와 문화에 적응하고 살 수 있을지 두려웠다. 당신이 아프게 겪었던 고통을 아이들이 되풀이하는 게 허락할 수 없는 일이었다. 아이들은 엄마가 앓고 있는 향수병을 알지 못했고 고국은 지구 반대편 먼 나라일 뿐이었다. 남편을 그곳에 묻을 수밖에 없었던 일이 지금도 가슴 아프다며 할 수만 있다면 당신도 남편과 함께 고국에 뼈를 묻고 싶다고 했다.

작은 마당에 무궁화 몇 그루를 심었단다. 초봄에 잎을 틔워 6월이면 꽃망울을 맺고 여름이 다 지나도록 100일 기도를 하는 백일홍처럼 피고 지는 꽃이다. 꽃이 필 때마다 '무궁화 꽃이 피었습니다.' 술래잡이 하던 어린 시절을 떠올리며 잊지 못할 친구들을 떠올리며 지금은 크게 자라 그늘을 만들어 준 나무 밑에 앉아 망향의 슬픔을 달랜다.

무궁화 꽃은 한여름 초가집 울타리에, 나지막한 산 오솔길에, 공원을 찾는 발길이 오고 가는 숲 사이에 피어 솟아오르는 아침 해를 바라보는 꽃이다. 여인의 미소를 닮은 보라색 꽃도 우아하고 아름답지만, 하얀색 꽃은 선조들이 단아하게 차려입은 모시옷을 생각나게 한다. 햇볕이 쏟아지는 뜨거운 여름날에도 그 자태를 흩트리는 법이 없이 다섯 개의 단정한 꽃잎 속에 노란 촛불 하나를 밝힌다. 노란 촛불을 받쳐들고 깊숙이 감추어진 붉은색 꽃잎은 비장함이 느껴진다. 여름날 긴 해가 저물면 선비가 책을 접듯이 다섯 장 꽃잎을 하나씩 동그랗게 접어 땅에 떨군다.

같은 땅에 뿌리를 둔 사람끼리 자매님이라 부르며 나눈 대화는 끝이 없었다. 이런저런 고국 소식이 반가워 눈을 반짝이다가 고개를 끄덕이며 눈시울을 적시기도 했다. 자신들이 흘린 땀과 눈물이 한강의 기적을 일구었다는 긍지로 노년의 삶을 살고 있노라 했다. 우리가 누리는 풍요로움 속에 할머니의 피눈물이 고여 있음을 느끼고 보았던 순간이었다. 그분들의 땀이 서울에서 부산을 잇는 도로가 되었고, 공장에서는 연기가 밤낮없이 피어올랐다는 말을 떠올렸다. 고국을 사랑하는 마음 그 너머에는 가슴 가득 고여 있는 그리움이었다. 고국산천이 사무치게 그리운 사람과 여행자의 만남은, 평소 잊고 있었던 '고국'이라는 단어를 여러 번 입에 올리며 시간 가는 줄 몰랐다.

얼마 남지 않은 생을 마치기 전에 돌아올 곳은 단 한 곳뿐이라던 할머니의 그리움은 연어가 강을 거스르는 귀소 본능보다 더 강한 것이었다. 젊은 날 헤어졌던 친구들이 그립고 아름다운 고향의 산천이 눈에 밟혀 고향 하늘을 향한다는 할머니의 눈물이 생각날 때마다 무엇인가 놓치고 사는 마음이 든다. 그날 만났던 할머니의 피와 땀을 위로해 드리고 빚을 갚아야 할 일이 우리 몫이라는 생각은 지금도 가슴에 남아있다. 나그네처럼 스치고 지나버린 아련한 기억 속에 할머니의 슬픔이 무궁화 꽃이 되어 피었다가 시들곤 한다.

사람이 사는 곳

아파트 창마다 불이 켜지면 낮에 보이지 않았던 풍경이 펼쳐진다. 칸칸이 만들어진 선반 위에서 그림자놀이를 하는 듯하다. 멀리 보이는 불빛에 똑같은 방향으로 사람들이 앉아 있는 모습이 보인다. 같은 모양의 공간에 소파와 TV가 놓인 위치도 같기 때문이다. 지친 하루를 풀어놓고 누워 자는 방향도 다르지 않을 것 같다.

창가에 서서 아침 풍경을 내려다보면 차들이 한 방향으로 모여들다가 썰물처럼 빠져나간다. 시골과 다른 대도시의 바쁜 일상이 숨가쁘게 느껴진다. 다람쥐 쳇바퀴 도는 듯한 일상의 반복이다.

아파트는 좁은 땅에 똑같은 모양의 공간을 만들어 높이 세운 사람이 사는 곳이다. 주어진 공간 위에서 모두 천장도 바닥도 벽도 공유하고 살아간다. 벽 하나 사이의 이웃이지만, 서로를 알지 못하고 관심도 없이 살아간다. 엘리베이터에서 만난 사람들은 무의식중에 건네는 눈길조차 부담스러워한다. 부딪힐 것 같아도 절대 부딪히지 않을 만큼의 거리를 늘 계산하고 사는 것 같다. 서로의 공간 너머에서 들려오는 소리에도 귀를 막는다.

어린 시절 뛰놀던 골목길은 집과 집을 이어주는 끈이었다. 언제나 대문이 열려있었다. 지나가다가 활짝 열린 대문 안에 대고 안부를 묻고 멀리 떠나 사는 식구들 소식도 들을 수 있었다. 어느 집 아이가 우는지, 어느 집에 손님이 오셨는지 알 수 있었다. 아파트가 들어서면서 골목은 사라지고 이웃을 이어주는 끈도 사라져 버렸다.

마당도 있었다. 마당에서 고모 혼례를 치렀고, 할머니 회갑 잔치도 했었다. 동네잔치를 벌이는 축제의 장이기도 했던 마당에 가을엔 빨간 고추가 널리고 여름엔 돗자리가 펴져 있었다. 모깃불을 피우고 앉아 저녁밥을 먹을 때 아이를 데리러 왔던 이웃도 숟가락 하나 밥상에 얹고 함께 밥을 먹었다.

네모난 아파트는 면마다 맞대고 살아가지만, 두께를 가늠할 수 없는 마음의 벽이 존재한다. 절대 무너지지 않는 단단한 벽이다. 시멘트와 벽돌로 된 벽 안에 사람과 사람 사이에 가로놓인 단단하고 두꺼운 벽을 실감한다. 네모난 벽 앞에 서면 언제나 막막해진다.

뒤집어 생각하면 네모는 어느 쪽 변을 맞추어도 닿는 면마다 밀접하게 다가간다. 둥근 것들은 어울려 짝을 이룰 수 없다. 원만한 줄 알았던 동그라미는 닿는 면이 작아 닿기만 하면 저만치 굴러가 버려 혼자이기를 좋아한다. 고립되어 있기를 즐기는 존재다. 세모는 꼭

지를 뾰족하게 내밀고 다가오는 사람을 아프게 한다. 면이 세 개나 되지만 쉽게 다가갈 수가 없는 각을 날카롭게 세우고 있다. 네모는 어느 쪽으로도 다가갈 수 있는 원만함을 지녔다. 세모와 동그라미가 가질 수 없는 충만함으로.

마음을 열면 멀리 있는 자식보다 가까운 이웃이다. 닫힌 문을 열고 오고 가며 서로 인사를 나누며 살았으면 좋겠다. 아프면 병문안을 가고, 좋은 일이 있으면 축하의 말을 건네고, 또래 아이들이 모여 친구가 되었으면 좋겠다. 네 아이 내 아이 할 것 없이 챙겨주는 이웃이 이웃을 건너다보면 살고 싶은 동네가 만들어질 것이다.

요즘 새로 짓는 아파트에 동선이 겹치지 않게 단독으로 사용하는 엘리베이터가 있다고 한다. 무관심과 차가움의 벽이 또 하나 세워지는 것이다.

벽 앞에서는 모두 외롭게 돌아설 준비를 한다. 그리고 언젠가 모두 떠나간다. 공동체라는 거창한 말보다 사람 사는 곳에는 사람들이 서로 만나고 마음의 벽을 허물어야 하는 일이 우선이다.

나도 모르게 벽을 세우고 금을 긋고 사는지 생각해 본다. 내가 세워놓은 벽 앞에서 무관심과 차가움으로 다가오는 사람을 돌려 세웠던 일은 없었을까. 내 마음의 벽을 먼저 허물고 다가가야 할 일이다.

석공과 나

전에 만났던 치과의사는 내게 보기 드문 건치라고 했었다. 하나하나 살펴보신 후 관리만 잘하면 나이 들어서도 치아 걱정 없겠다는 말도 했었다. 예나 지금이나 쉽게 발이 떨어지지 않는 곳이 치과병원이다. 돌 갈아대는 소리를 생각하면 용기를 냈다가 도로 주저앉게 된다.

왼쪽 송곳니에 금이 갔다. 가까스로 용기를 내어 단골 치과를 찾아갔다. 예약은 언제나 절차일 뿐, 대기실에 앉아 긴 시간을 기다려야만 한다. 그러고 보니 몇 년을 다녔는데 의사 얼굴을 제대로 본 적이 없다. 마스크로 얼굴을 가리고 나는 의자에 누워 눈을 질끈 감고 있으니 인사도 제대로 나눈 적이 없다. 곱슬머리인지 만든 웨이브인지 눈썹까지 흘러내린 머리가 까무잡잡한 얼굴과 꽤 어울린다는 생각을 했었다. 날마다 마스크를 써야 하는 직업이다. 얼굴을 가까이 대고 입속을 들여다보아야 하니 입에서 나는 냄새가 고역스러울 것이다.

잡식성인 인간의 입속은 온도가 적당하고 습해서 돌도 갉아먹는 벌레가 사는 곳이다. 송곳니는 맹수들에게는 사냥감의 목을 물어뜯고 구멍을 내고 적의 숨을 끊어놓는 날카로운 살상 무기다. 어금니는 맷돌처럼 음식을 잘게 부수고 갈아서 몸속으로 들여보낸다. 육식성인 사자는 송곳니가, 초식동물인 기린은 어금니가 발달했다고 한다. 인간은 이가 없이 태어나도 엄마 젖을 빠는 힘만으로 얼마간 자랄 수 있다. 두 발로 걷기도 전에 치아가 먼저 나오는 것은 스스로 먹고살기 위해 진화를 거듭한 증거라고 한다.

의자 옆에 번쩍거리는 도구들이 즐비하다. 돌 갈아내는 소리를 들으며 생각했다. 치과의사는 전생에 석공이 아니었을까. 어쩌다 조물주가 우리 몸에 돌을 심어 자주 공사판이 되곤 하는지, 주먹도 안 들어가는 좁은 공사장을 굽어다보며 날마다 돌을 갈아내는 석공은 갈고 다듬고 붙이고 빼고 심으며 공사장을 열심히 헤집는다.

"깨진 송곳니에 충치도 생겼어요. 갈아내고 신경치료를 해야겠네요."

입속을 들여다보는 의사의 손에는 드릴과 핀셋이 들려 있을 것이었다. 두려운 마음을 애써 진정시키며 돌 갈아내는 소리를 견디고 있는데, "어!" 내 귀에만 들렸을 소리였다. 뭔가 잘못되었는지 다급해진 손놀림으로 입안을 뒤적인다. 윗입술이 찢어져라 이쪽저쪽으로 잡아당기며 뭔가를 찾는다. 석공이 일을 하다가 말고 뭔가를 찾는데, 그것이 무엇일까. 내 입안에 무슨 일을 저지른 거야. 입에 재갈이 물려 있으니 움직일 수도 없는 상황이다. 등에서 식은땀이 흘렀다.

“어디로 갔네요. 신경을 건드리다가 바늘 끝이 부러졌는데.”

머리카락 굵기의 바늘 끝 4미리 정도가 입속에서 흔적도 없이 사라졌다는 것이다. 잇몸 어딘가로 튕겨져 나간 것이다. 입속을 한참이나 뒤적거리더니

“마취한 김에 발치해 버릴까요?” 한다.

놀란 가슴이 쿵하고 내려앉는 소리가 났다. 다른 판단을 할 여지가 없었다. 의사의 판단이 최선이라는 생각을 할 수밖에 없었고 맡길 수밖에 없었다. 결국 발치에 이르고 말았다. 발치 한 자리를 사진을 찍어본 결과 발치 한 잇몸 위쪽에 가로질러 박혀있는 것을 찾아냈다. 콜럼버스의 신대륙발견에 비견할 만한 것인데도 그곳을 휘젓기만 할 뿐 꺼내지 못하는 것이었다. 경륜이 깊은 석공은 바위를 정으로 두드릴 때 나는 소리만 듣고도 그 돌의 성질과 결을 알 수 있다고 한다. 목수가 나무의 겉모습만 보고도 나이테와 나뭇결을 읽어내는 것처럼. 석공은 눈앞에 보이는 것도 꺼내지 못했다.

당황한 석공은 길 건너에 있는 구강외과 의사에게 나를 보냈다. 거즈로 흐르는 피를 닦아내며 찾아간 그 의사도 턱이 빠지게 입을 벌려놓은 채 뒤적거리기만 하다가 빼내지 못하고 말았다. 두 석공이 휘저어 놓은 내 입속은 난장판이 되어버리고 피가 낭자했다. 부러진

바늘을 꺼내지 못한 채 몇 바늘인지 꿰매고 말았다. 집으로 돌아와 밤새 그치지 않는 통증에 시달렸다. 사라진 송곳니에 대한 상실감과 원망으로 잠을 이룰 수 없었다.

느닷없이 당한 억울한 일은 분노의 감정이 되어 나를 괴롭혔다. 해가 기울어 어둑해진 병원 문을 나서며 눈물 흘리던 순간을 잊을 수가 없다.

석공의 궁색한 위로는 내 마음에 위로보다는 분노만 키웠다. 비굴한 웃음으로 포장한 석공을 어떤 방법으로 응징할까 벼르는 내게 남편은 더 큰 일에 비하면서 그나마 다행이라고 생각하자며 위로를 했다. 수술도 무사히 마쳤으니 그만하면 운수가 좋았다고 생각하고 잊어버리자 했다.

남아있는 공사가 시작도 하기 전에 두려운 마음이 앞선다. 먹고 살기 위해서는 피해갈 수 없는 노릇이다. 거울 속 분노에 일그러진 내 얼굴이 낯설다. 다시 돌아보니 그날, 치과의사가 석공이었다면 나는 돌이었다. 금강석이나 되었더라면, 왕관을 수놓고 여왕의 머리 위에 올라 앉아있을 텐데.

송곳니를 잃어버린 날의 끔찍한 악몽도 자꾸만 마음을 괴롭히는 상실감도 그만 내려놓으려 한다. 버려진 돌도, 쓸모없는 돌도 어차피 석공의 손으로 빚어야 제 모습을 갖추고 그 몫을 다 하는 돌이 될 테니까.

이제 됐다

아빠의 품에 안기며 손녀가 "이제 됐다."하며 해맑게 웃는다. 한 달 만에 출장길에서 돌아온 아빠와 손녀의 상봉이다. 더할 나위 없이 만족한 감탄사이다. 어린아이가 웃는 것은 타고난 듯 인위적인 게 없다. 작은 가슴에 아빠의 빈자리를 얼마나 컸을지 생각게 한다. 허전한 마음을 엄마도 할아버지 할머니도 채워주지 못했음이다. 동심을 잃어버린 어른들이 따라 할 수 없는 순수한 마음속의 말이다.

감정도 말도 다듬고 꾸미고 사는 어른들은 자신의 감정을 속이는 일에도 점점 익숙해진다. 어른들은 마음이 시키는 대로 하지 못하고 또 하지 말아야 할 때가 많다. 참고 인내하면서 감정에 가면을 씌우고 가면 속의 내가 나인 줄 착각하기도 한다. 웃고 싶지 않아도 웃어야 하고 슬퍼도 소리 내 울지 못한다. 숨기고 감추고 욱여넣으면

서 참고 또 참는다. 그러다가 마음속 병을 키우기도 한다. 옳지 않은 것을 말해야 할 때는 없는 용기도 내야 하고 모든 사람에게 좋은 사람으로 보이기 위해 스스로 괴롭히며 닦달한다. 반복되는 괴로움 속에서 외로움이 태어나는 것이다. 기쁘고 행복한 감정마저 드러내지 못 할 때도 많다. 해서는 안 되는 것들이 더 많아 감정과 싸우며 사는 게 어른들이다.

말 속에는 많은 감정과 생각이 담겨 있다. 사람과 사람을 이어주는 말은 입으로만 하는 게 아니라 눈과 표정 몸짓에서도 드러난다. 말에 날이 서 있을 때도 있다. 무심코 던지는 말 한마디가 뾰족한지, 뭉뚝한지 날카로운지 아무리 겉을 포장하고 감추려 해도 알 수가 있다. 말에 담긴 진실은 드러나고 만다. 밑바닥에 숨어있던 감정은 불러내지 않아도 걸어 나오기 마련이기 때문이다.

어린아이들은 감정을 마음에 쌓아두지 않는다. 감정의 앙금이 남아 있지 않기에 아이들의 언어에는 용서라는 단어도 없다. 아이의 눈을 맞추기 위해 키를 낮추어 본다. 낮아져서 눈을 맞추어 보면 아이들이 보고 느끼는 또 다른 세상을 볼 수 있기 때문이다. 맑고 순수한 마음에서 튀어나오는 말 '이제 됐다'. 어린아이의 마음이 되지 않고서는 쉽게 할 수 있는 말이 아닌 것 같다.

청산도

여행은 낯선 풍경을 보는 것만이 아니다. 익숙한 곳을 떠나 새롭게 눈을 뜨고 그곳의 과거와 역사를 거슬러 보면서 나 자신을 마주하는 순간을 경험하는 일이다. 못 가 본 곳을 그리는 마음이 늘 여행자의 마음으로 살게 한다. 완도항에서 페리호를 타고 50분 거리에 있는 섬 청산도를 찾았다. 도착한 해변에는 수만 번 부딪치고 부서지며 아득한 남태평양 어디쯤에서 달려왔을 파도가 한가로이 햇볕을 받고 있었다.

좁은 돌담길과 논두렁길을 한가롭게 걷다 보면 절로 발걸음이 느려진다 해서 '느림의 섬'이라 부르기도 한다. 배낭을 둘러메고 돌담길을 따라 걷는 여행자들의 울긋불긋한 옷차림이 푸른 바다와 어울려 한 폭의 그림이다. 마을과 마을이 이어지는 해안선 100리 길, 미역처럼 구불구불 이어진 마을 길을 열 한개 구간으로 나누어 놓았다.

느리게 걷다가 쉬어가는 섬, 청산도는 걸어야 제격이었다. 관광객들로 북적이는 작은 섬마을이 고즈넉함이 사라지고 도시의 소음과 때가 묻어가는 듯 해 아쉬운 마음이었다. 좁다란 마을 길을 따라 천천히 걸었다. 담쟁이넝쿨이 이끼 낀 돌담을 딛고 올라선 곳에 초가집 몇 채가 바다를 바라보고 있었다. 배고팠던 시절 이곳 섬사람들은 담쟁이처럼 세월의 벽을 함께 넘었을 것이다.

하루에도 몇 번씩 담장 너머 이웃과 나누었을 삶이 눈에 보이는 듯하다. 고만고만한 이웃들이 모여 살았을 초가집 뒷 마당에 키 낮은 굴뚝도 있다. 저녁밥 짓는 연기가 금방이라도 피어오를 것만 같다. 담 넘어 처녀 총각이 은밀한 사랑의 밀어를 나누었을지도 모를 낮은 돌담길에 수많은 사연이 지나온 세월만큼 쌓였을 것이다.

골목길을 벗어나 한적한 논두렁길에 들어섰다. 저만치 산비탈에 작은 '구들장논'이 한 계단씩 죽 올라앉아 있었다. 좁고 기다란 논에는 파란 하늘이 가득히 담겨 있었다. 산비탈 험한 곳에 땅을 고르고 구들장을 놓고 그 위에 흙을 채워 넣었다는 논두렁을 바라보는 것만으로도 숨이 찼다. 자투리땅을 일구어 쌀 한 됫박 얻었던 섬사람들이 일구어 놓은 구석구석에 땀과 눈물이 흥건히 배어 있는 듯 했다. '시집가는 딸이 쌀 서 말 먹고 가면 부잣집'이라 했다는 해설사의 말이 귀에 남는다. 맨손으로 일구어낸 청산도의 구들장 논이 유일하게 유네스코 세계 농업 유산으로 지정된 이유를 알 것 같다.

멀리 바다 위에 섬사람들의 새로운 삶의 터전 전복 양식장이 보였다. 네모로 된 나무 틀이 셀 수도 없이 떠 있었다. 뒤따라오던 누군가 전복이 사는 아파트라고 했다. 점심에는 전복탕을 먹었다. 시레기와 전복을 껍질 채 넣고 된장을 풀어 뚝배기에 끓인 걸쭉한 전복탕은 청산도만의 조리법이라 했다. 시원하고 깔끔한 맛이라기보다는 동편제처럼 투박함이 묻어나는 맛이었다.

'슬로우 시티', 느리게 사는 의미만이 아니었다. 지켜야 할 자연환경과 빠르게 흐르는 시간 속에서 이어온 전통을 존중하며 행복을 추구하는 삶이라 했다. 바쁘게 사는 현대인에게 삶을 돌아보게 하는 메시지가 들어있었다. 세계의 123개 농어촌 마을이 뜻을 같이하며 참여하고 있다고 한다. 인구 5만 명 이하의 농어촌에 전통적 수공업과 조리법, 고유의 유산, 그리고 자연 친화적인 농법 등이 슬로우 시티의 조건이라고 한다.

서편제 영화 촬영지였던 언덕길에 올랐다. 유채꽃이 만발할 때면 섬에서 가장 아름다운 코스라는 당리마을이 한눈에 들어온다. 나지막한 산이 마을을 둘러싸고 있었다. 유봉 일가, 아버지와 아들과 딸이 어우러져 황톳길 따라 부르던 "아리 아리 아리랑, 스리 스리 스리랑" 노랫소리가 들리는 듯했다.

가끔은 익숙한 곳을 떠나는 것도 자신을 사랑하는 방법이라 생각해본다. 삶이 힘들다고 생각될 때, 풀리지 않은 문제들로 가슴이 답답할 때, 여행은 즐거움과 여유를 선물한다. 풀 한 포기, 햇볕 한 줌, 시원한 바닷바람이 주는 선물이 더없이 고맙고 소중하게 다가오는 순간이 있다.

바다 향기에 취하고 나만이 주워 담을 수 있는 소중한 것들을 얻었다. 바쁜 일상에서 잠시 탈출하고 싶거든, 느림의 섬 청산도에 다녀오라고 권하고 싶다. 자연 속에 묻혀 한가롭게 걷다 보면 섬사람들의 소박한 삶이 내가 알지 못했던 다른 세상으로 다가온다. 무엇을 위해 숨가쁘게 달리고 있는지, 내가 어디쯤 가고 있는지 나를 다독여 주고 싶은 생각에 가슴이 뭉클해지기도 한다. 보이는 것과 보이지 않은 것조차 가슴 가득 채우고 돌아온 하루, 소중한 선물을 받은 듯 충만한 마음이다.

키위새

지구를 반 바퀴 돌아와 봄을 만났다. 가도 가도 끝이 없는 초록 지평선을 눈에 담고 가슴에 담았다. 봄이 한창인 그곳은 예쁜 꽃들이 흐드러지게 피어 있었다. 뉴질랜드 여행 마지막 날이다.

천 년 전 남태평양의 폴리네시아인 마오리족이 이 땅을 처음 밟고 '길고 하얀 구름의 나라'라고 불렀다고 한다. 지평선에 그린 듯 펼쳐진 하얀 구름이 얼마나 아름다웠을지 상상해 본다. 그 아름다운 곳에 타조와 모아새와 다른 동물들과 함께 섬에 깃들어 살았다. 천적이 없고 먹을 것이 넘쳐나는 평화로운 섬은 창세기 에덴의 동산 같았을 것이다. 그들은 평화롭고 따뜻한 낙원에서 자연이 주는 것만으로도 배부른 삶을 누릴 수 있었다.

낙원에 깃든 마오리족과 동물들은 멀리 날아야 할 이유가 없었다.

날지 않아도 되는 키위새의 날개는 점점 쓸모를 잃어버리고 뒤뚱뒤뚱 걸어 다니게 되고 말았다. 풍요로움과 나태함은 함께 붙어 다닌다. 신의 실수였을까. 풍요로운 낙원에서의 삶은 축복이 아니었다. 절박함과 긴장감이 사라지고 무기력과 나태함이 남은 삶이었다. 나태함은 자신도 모르게 빠져버리는 함정일 수도 있다.

바삐 뛰어야 먹고 사는 우리의 삶을 힘겹다 한숨 짓고 살 일도 아닌 것 같다. 문명의 풍요로움 속에 사는 우리가 잃고 있는 것은 없는지, 배부른 키위새보다는 노력하며 사는 삶의 가치와 의미를 되새겨 봐야 할 일이다.

멸종 위기의 키위새를 보호하고 있는 '키위 하우스'에 들렀다. 컴컴하게 가려진 곳을 더듬거리며 들어갔다. 어둠 속에서 키위새가 나타나기를 기다렸지만 끝내 모습을 드러내지 않았다. 긴 부리 끝에 달린 콧구멍으로 먹이를 찾는다는 키위새가 이방인의 냄새를 맡은 것이다. 아쉬운 마음으로 날개 없는 전설의 새를 만나지 못하고 돌아서야 했다.

마오리족은 키위족이라 불리는 것을 좋아했다. 날지 못하는 키위새를 굳이 새라 부르는 그 나라 사람들은 원주민 마오리도, 과일도, 새도 키위라 불렀다. 국적을 물을 때 Are you Kiwi? 하고 물으면 Yes 라고 자랑스럽게 대답한다. 마오리족에게 키위새는 자기 자신이고 자신들이 사랑하는 나라의 상징이었다. 화폐에 새겨진 키위새를 보며 그들의 자부심을 보는 듯했다.

마오리족은 문자가 없어 유럽인에게 짓밟힌 역사를 한 줄도 남기지 못했다고 한다. 역사는 기록으로 남겨야 후손들이 거울삼아 고치고 다시 쓰며 지켜야 할 가치를 갖게 되는 것이다. 침략자의 총칼 앞에서 지켜낸 우리의 글과 우리의 말 우리의 역사가 눈물겹도록 자랑스러워지던 순간이었다. 혀를 길게 빼고 발을 구르며 창을 휘두르는 그들의 '하카춤'은 잃어버린 낙원을 그리는 외침인 듯했다. 아름다운 섬나라 키위족의 유난히 커다랗던 눈망울과 잉크색 바다가 오래 남을 것 같다.

4부

알곡 하나를 얻다

백조의 노래

예술작품은 장르를 불문하고 시대 따라 새롭게 익힌다는 말이 있다. 그중 고전의 반열에 오른 문학 작품은 퇴색하지 않고 시간의 엄호를 받으며 그 빛을 발하는 것 같다. 오랜 시간이 흘러 조우한 《노인과 바다》. "그는 멕시코 만류에서 조각배를 타고 홀로 고기잡이하는 노인이다."로 시작하는 그 첫 문장이 먼 기억을 더듬게 한다. 오래된 친구를 만난 듯 반갑다.

다시 읽는 소설, 주인공 산티아고와 재회한 시간이다. 한번은 마냥 푸르렀던 젊은 날이었고 두 번째는 그의 나이와 비슷할 즈음이 되어 만났다. 그때는 눈으로 읽었다면 지금은 마음으로 읽는다. 그가 살아낸 시간이 현재를 사는 우리의 시간과 그리 멀리 떨어져 있지 않다는 생각에 길게 이어진 시간을 포개어 본다. 그때는 그가 이야기하는 바다가 멀리 있었지만, 지금은 가깝고 또렷하게 보인다.

주름지고 검게 그을린 그의 외로운 독백을 가슴으로 듣지 못했었다. 살아보지 않은 아득한 시간이어서 가늠할 수 없던 때였다. '같이 이야기해 보자.'고 했던 그의 말도 알아듣지 못했었다. 세상 모든 것이 시간 앞에 무릎을 꿇는다는데, 세월의 풍화작용을 받지 않는 명작소설을 다시 읽으며 그 안에서 새롭게 느끼는 의미와 가치가 가볍지 않다.

산티아고가 삶의 터전인 바닷가로 내 손을 잡아 이끌고 나는 그의 이야기에 귀를 기울인다. 내가 나이를 먹은 만큼 책도 나이를 먹었음인가. 깊어진 그의 한숨 소리가 가슴에 파문을 일으킨다. 덥수룩한 수염에 덮인 입으로 쏟아내는 그의 이야기에 빠져들다가 문득 감정을 추스르곤 한다.

그는 바다를 일터로만 생각하지 않았다. 인디언이 땅을 '대지의 어머니'라고 부르는 것처럼 그에게 바다는 존경과 사랑의 대상이었다. 큰 은혜를 베풀어 주시는 자애로운 어머니의 품이라 여겼다. 그는 바다제비와 이야기를 나누며 외로움을 달래고, 살랑대는 바람에 바다가 춤을 출 때는 사랑하는 여인을 바라보듯 그윽한 눈빛으로 답한다. 밀려오는 파도가 부르는 노랫소리에 귀를 기울이며 시간 가는 줄 모른다.

망망한 바다에 조각배를 띄우고 홀로 고기잡이를 하는 그에게도 퇴색하지 않은 꿈이 하나 있었다. 붙들고 놓지 못하는 꿈은 커다란 청새치를 낚아 사람들에게 아직도 건재한 자신의 모습을 보여주고 싶은 것이었다. 하루하루 작은 꿈 등에 짊어지고 비틀거리는 우리의 삶과 다르지 않다. 그는 마지막 결승점을 향해 도전하듯 바다를 향하곤 했다.

자신이 탄 조각배보다 길고 큰 청새치를 낚아 올릴 때 그는 꿈을 이루었다고 생각했지만, 운명은 처음부터 그를 쉽게 살도록 내 버려두지 않았다. 작살에 꽂힌 청새치의 심장에서는 먹구름 같은 피가 뿜어져 나오고 조각배는 바다 위에서 뒤집어질 듯 요동친다. 퍼져나간 피는 상어를 유혹하고, 피 냄새를 맡은 상어는 떼를 지어 맹렬히 쫓아온다. 상어 떼와 맞서 사흘 밤낮 사투를 벌이지만 청새치는 상어 떼에게 모두 뜯어 먹히고 뼈만 남는다. 승산 없는 싸움이었다. 산티아고는 너무 늙었고 그의 배도 그의 육신처럼 낡았다. 잠시 꿈을 이루었다고 기뻐하던 성취감은 짧은 봄날 꿈처럼 사라져 버리고 앙상한 뼈만 훈장처럼 매달고 돌아온 노인은 온몸이 상처투성이다.

'이게 꿈이라면 얼마나 좋을까.'하고 회한에 젖어 눈물짓는다. 사흘 밤낮 사투를 벌인 산티아고가 허탈하게 내뱉는 독백이 가슴을 저리게 한다.

작가가 살아온 고단한 흔적은 작품 속에 짙게 묻어있기 마련이다. 노벨상과 퓰리처상을 수상하고 세계적인 소설가로 명예를 누렸던 헤밍웨이는, 이 작품을 통해 지난했던 자신의 삶을 산티아고의 승산 없는 고독한 싸움에 투영시키고 싶었는지도 모를 일이다. 그의 문장 위를 걸으며 인간이 보듬고 살아야 할 근원적인 고독에 전율한다. 죽음에 대한 두려움은 망망한 검푸른 바다였고, 피 흘리며 사투를 벌인 청새치의 꿈은 얼마 남아있지 않은 삶에 대한 저항이 아니었을까. 쿠바의 아바나에 머물며 먼 바다를 하염없이 응시했을 그가 자신의 생을 스스로 마감하기까지 그의 가슴을 뒤흔든 감정의 정체는 감히 닿을 수 없는 다른 차원의 세계였다.

거칠고 바람 부는 바다를 떠도는 산티아고의 모습은 삶에 도전하는 우리의 자화상이다. 자신에게 최선을 다했기에 승리했다고 말한다. 그는 노력한 만큼의 대가를 얻지 못해도 언젠가 꿈은 이룰 수 있다고 내게 말하는 듯하다.

백조는 죽기 직전에 단 한번 아름다운 소리로 울어댄다는 전설이 있다. 예술가들이 남긴 마지막 작품을 '백조의 노래'라 일컫는다는데, 엽총으로 스스로의 생을 마감하기 전 출간된 작품 《노인과 바다》는 헤밍웨이에게 백조의 노래인 셈이다.

그의 육신처럼 낡은 조각배와 부러진 돛대를 메고 다시 바다를 향하는 그의 뒷모습을 바라본다. 바다가 그에게 손짓하는 날, 낡은 조각배 위에 늙지 않은 꿈을 싣고 바다로 나갈 것이다. 바다와 산티아고와 청새치, 내게 들려준 그의 이야기가 먼 바다에 이는 파도를 따라 밀려가고 밀려온다.

그림책 한 권

우산을 받아도 옷이 다 젖는 날이다. 습기를 머금어 눅눅한 냄새가 나는 도서관을 찾아가 책 읽기 좋은 날씨다. 책 넘기는 소리만 들리는 곳에 발소리를 죽이고 들어서면 깊은 숲속 같은 고요함이 온몸에 와 닿는다. 창가 구석진 자리에 앉아 책과 은밀하게 만나는 시간은 새로운 세상으로 여행을 떠나는 느낌이다.

오래전부터 읽고 싶었던 책이었다. 어른을 위한 그림책 《잃어버린 영혼》은 활자를 모두 거둬내고 그림으로 읽는 책 속에 글밥은 단 한 페이지뿐이다. 가벼운 마음으로 그림을 한 장 한 장 넘기다 보면 돌부리에 걸린 듯 자꾸만 멈추어 서게 된다. 폴란드 여류 소설가 올가 토카르추과 화가 요안나 콘세이요가 공동으로 만들어 낸 2019년 노벨 문학상 작품이다. 빽빽한 글씨와 어려운 단어들로 채워진 두꺼운 책과는 거리가 멀다.

삶에 쫓기며 영혼을 잃어버린 채 살아가는 현대인들에게 주는 메시지가 책을 몇 번 뒤적이며 되짚어 본 뒤에 느껴지는 책이다. 작가가 전하고자 하는 이야기를 나름 이해하려 애쓰면서 그림을 읽었다. 갈색 표지에 그려진 빈 의자에 아무렇게나 벗어놓은 옷이 지친 여행자를 생각나게 한다. 주인을 잃어버린 수많은 영혼이 주인을 찾아 헤맨 흔적 같은 어지러운 발자국이 눈을 붙잡는다.

주인공 얀은 출장지에서 한밤중에 숨이 막힐 듯한 느낌에 잠이 깬다. 숨가쁘게 달리기만 했던 그는 자신이 서 있는 곳이 어디인지, 자신이 누구인지 기억해 내지 못한다. 가방 밑바닥에 있는 여권을 보고서야 겨우 자신의 이름을 알아낸다. 찾아간 병원의 의사는 얀의 이야기를 듣고 걱정스러운 얼굴로 처방을 한다.

"세상은 바삐 사는 사람들이 놓친 영혼들로 가득 차 있지요. 주인의 속도를 따라갈 수 없기 때문입니다. 영혼은 주인을 찾으려 하지만 사람들은 그 사실을 알지 못합니다. 조용한 곳에 가서 영혼이 돌아올 때까지 기다려 보세요. 영혼을 잃어버린 당신에게 해 줄 수 있는 게 그것뿐입니다."

구약성서 창세기에는 하느님이 흙으로 빚어 인간을 창조하신 후 영혼을 불어넣으셨다고 한다. 영혼은 사람의 육체에 깃들어 인간을 지배하고 죽은 후에 육신은 썩어 흙이 되고 영혼은 하늘에 올라 영원히 살아간다고 믿는다. 영혼은 인간세계에만 존재하는 것이 아니라 살아 숨 쉬는 모든 생명에 존재한다는 말을 듣곤 한다. 생각해 보면 '넋이 나갔다'라는 표현도 있고 '혼이 나갔다'는 말, 그리고 '영혼이 없다'는 의미로 다가온다.

타인의 기대를 충족시키며 계속 쫓기며 살 것인가, 지금까지 쫓아온 열망의 길을 벗어나 나를 위한 방식으로 살 것인가 고민하던 얀은 복잡한 도시를 떠나 자신만의 장소에서 영혼을 기다리기로 결심한다. 시계도 파묻어 버리고 바깥세상을 향한 안테나를 모두 꺼버린다.

얀은 속도와 경쟁에 휘둘리며 자신을 방임했던 혹독한 대가를 치르며 살아간다. 다시는 영혼이 따라올 수 없는 속도로 살지 않으리라 후회하며. 얼마나 세월이 흘렀을까. 얀의 머리 위에 하얗게 서리가 내려앉은 후에 기적처럼 선물처럼 기다리던 영혼이 찾아와 창문을 두드린다.

어른이 되고자 그토록 애쓰며 살았는데 아직 어린아이에 불과한 자신을 만난 것이다. 오랜 세월 돌봐주지 못해 자라지 못한 영혼은 세월에 할퀴고 지친 모습이다. 늙어버린 육신과 어릴 적 모습이 영혼이 마주 앉아 측은하게 서로를 바라본다. 앞만 보고 달리느라 자신을 돌보지 못하고 영혼 없이 살아가는 현대인의 자화상이다.

쌓인 눈 위의 어지러운 발자국은 내 발자국일 수도 있다. 지친 몸과 마음을 흘러가는 시간속에 내맡기고 안부를 물어본 적이 한 번도 없었다. 돌보지 못한 내 영혼이 어디서 나를 찾아 헤매고 있는가 싶어진다. 메마르고 각박한 날들이 반복되는 일상속에 무엇으로도 채워지지 않은 허전함과 갈증이 가시지 않았었다. 내 삶의 속도를 따르지 못한 영혼의 부재 때문이었을지도 모를 일이다.

속도가 아니라 삶에 색깔과 무늬를 입히면서 살아야 할 일이다. 새롭게 시작된 얀의 삶처럼 바쁘게 살지도 말고 바쁘다는 말도 하지 않으리라 마음먹는다. 어떤 모습으로 살아도 삶의 끄트머리에 있는 도착지는 모두 다 같은 곳이다.

깊은 울림을 주는 그림책은 '멈춤' 표지판을 대하는 느낌이었다. 많은 말을 삼키며 그림으로 전하고자 했던 작가의 이야기를 다 이해하고 알아들었다고 생각하지는 않는다. 책이 주는 의미를 깨닫는 것은 읽는 사람의 마음속 풍경만큼이나 다양할 것이기에.

영혼이 돌아온 얀은 자신에게 진지해지고 삶은 여유로움으로 채워졌으리라. 가는 연필로 그린 그림과 모눈종이 위의 그림들은 상처받기 쉬운 마음을 세심하게 돌보라는 작가의 의미심장한 충고라고 생각한다. 빈틈없는 시간과 시간 속에 자신을 묶어 놓지 말라는 그림속의 말들을 되짚어 보게 한다.

누군가는 책을 읽고 삶의 지표를 세우고, 누군가는 인생행로가 바뀌었다고 한다. 작가가 전하는 메시지를 곰곰이 되새기며 내 영혼의 안부를 묻는다. 그림책 한 권이 주는 작은 깨달음 한 조각 가슴에 담으며.

까치와 여우

동화책은 어린이가 읽지만 쓰는 사람은 어른이다. 어른의 언어를 버리고 어린이의 언어를 구사했지만 메시지를 전하고자 하는 대상은 어른이라는 생각이 든다. 동화책 《여우》는 노란색 바탕에 무섭게 뜬 여우의 두 눈이 책표지에 붉게 그려져 있었다. 누군가를 노려보는 두 눈이 책 밖으로 튀어나올 것만 같다.

아이와 나란히 방바닥에 엎드려 책장을 넘겼다. 한쪽 눈을 다쳐 앞을 보지 못하는 개와 불타는 숲에서 날개를 다친 까치와 그 둘 사이를 질투하는 여우가 주인공이다. 개와 까치는 서로에게 잃어버린 눈이 되고 날개가 되어 진정한 우정을 쌓아간다. 둘이서 숲을 달릴 때 개의 등에 업힌 까치는 하늘을 나는 듯했고 아름다운 풍경을 들려주는 까치의 이야기 소리에 개는 눈으로 본 듯 즐거웠다.

어느 날, 숲 속에 숨어 둘의 우정을 지켜보던 붉은 털의 여우가 나타나 함께 살기를 요구한다. 망설이던 까치와 개는 여우를 받아들이고 만다. 둘 사이에 여우가 비집고 들어온 그날 이후 동굴에는 여우의 냄새로 가득 찬다. 외로움과 질투와 분노의 냄새다.

여우는 까치의 날고 싶은 원초적인 본능을 건드리며 다가간다. 바람보다 더 빨리 날 수 있다며. 하늘을 나는 기분이 어떤 건지 다시 알게 될 것이라고 유혹한다. 갈등과 고민 끝에 까치는 여우의 등에 오르고 만다.

얼마나 날고 싶었던가. 하늘을 향해 두 날개를 펼치고 나는 듯한 착각에 빠져든다. 여우를 불신했던 마음은 사라져 버린다. 계곡을 건너서 우거진 숲을 지나고 거친 들판을 가로질러 아무 소리도 들려오지 않은 황량한 사막에 이른다.

그곳은 뜨거운 태양이 이글거리는 죽음의 땅이다. 악마의 미소를 지으며 여우는 벼룩을 털어내듯 까치를 버리고 돌아선다.

"이제 너와 개는 외로움이 뭔지 알게 될 거야."

그동안 소외감에 떨며 분노했던 여우의 잔인한 보복이다.

까치는 숨 막힐 듯 뜨겁고 황량한 사막 한가운데에서 엄습해 오는 두려움과 배신감에 몸을 떤다. 자신만을 기다리고 있을 친구 생각에 비틀비틀 폴짝폴짝 왔던 길을 향한다. 달이 기울도록 앉아서 우정을 나누던 친구를 생각하며 후회의 눈물을 흘리며.

아이가 눈을 반짝이며 말했다.

"마음씨 나쁜 여우 때문에 까치가 죽을 것 같아요."

간단한 결론에 고개를 끄덕였지만 들려주어야 할 말이 남은 느낌이다. 인간의 내면에 똬리를 틀고 있는 감정 중에 외로움이 실체 모습으로 드러나는 풍경이다. 외로움은 자신의 그림자라도 부둥켜안고 울고 싶은 사무친 감정이다. 외로울 때 누군가 내 곁에 있어 줄 단 한 사람이 그리운 것이다.

여우의 외로움은 내면에 질투 분노 소외감의 모습으로 똬리를 틀고 들어앉아 있었다. 외로움은 감정을 피폐하게 만들어 타인을 향한 잔인한 폭력의 모습으로 사회를 놀라게 하기도 한다. 인간이 세상을 향해 내지르는 외로움의 다른 이름은 소외감이다. 여우가 존재하는 세상에는 버림받은 까치가 존재할 수밖에 없을 것이라는 생각이 든다. 동화책 짧은 이야기 속에 상처와 분노, 상실과 위로, 우정과 유혹, 그리고 배신을 생각게 하는 어른에게 주는 울림이 크게 다가온다. 우리 안에 존재하는 내면의 어두운 그림자를 들여다본다. 내 감정을 돌보는 일도 중요하지만, 보이지 않는 곳에서 외로워하는 이웃도 돌아보며 살아야 하는 이유를 아이에게 어떻게 설명해야 할지 생각이 많아진다.

호모 소금 사피엔스

소금 전시회가 있었다. 소금은 우리 곁에 공기처럼 존재하면서 관심을 받지 못하는 존재이다. 소금이 그토록 많은 이야기와 역사를 지니고 있다는 것을 알게 되던 날이었다. 국립민속박물관을 찾아 소금 나라에 초대받은 기분으로 전시장을 찾았다. 전시장 입구에 '호모 소금 사피엔스'라는 큰 플래카드가 눈길을 끌었다. 지혜로운 인간이라는 호모 사피엔스에 소금이라는 단어가 더해져 '소금을 만들고 이용하는 지혜로운 인류'라는 내 나름 해석을 했다. 인류와 소금이 걸어온 자취를 모아놓았다. 소금의 과거를 돌아보고 현재를 이해하고 함께 걸어가야 할 미래를 이야기 하며 소금의 가치를 알게 하려는 의도가 읽히는 전시회였다.

소금의 만들어지는 곳과 출생지에 따라 빛깔과 크기도 달랐다. 인류가 물을 찾아 살아왔듯이 '소금길'을 따라 문명을 이루고 생존해 왔음을 알 수 있었다. 소금의 속성과 상징적 의미 '짠', '흰', '순수', '귀한' 네 가지 주제어로 나누어 놓은 것이 흥미로웠다. 피의 짠맛, 오염되지 않아야 할 흰색, 그 어떤 맛도 흉내 낼 수 없는 순수함, 그리고 인간의 삶과 인연을 맺은 귀한 소금이 걸어온 길을 돌아볼 수 있었다.

소금은 태초부터 인간의 삶 속에 다양하게 스며들어 인류를 지켜준 소중한 존재다. 인류의 역사 속에 소금을 '백색의 황금'이라 부르던 시대도 있었고 돈과 권력의 도구로 사용했던 어두운 시대의 그림자도 볼 수 있었다. 서구에서 왕족과 귀족의 전유물이었던 소금이 화려한 그릇에 담겨 있었다. 은은한 조명 아래 정육면체의 소금이 투명한 보석처럼 반짝거렸다. 히말라야의 분홍빛 보석 '핑크 솔트'와 안데스 산맥의 '로즈 솔트'도 은은하게 빛나고 있었다.

우리의 민간 신앙에도 소금의 힘은 깊숙이 스며들어 있었다. 부정한 것을 정화 하는 힘과 재앙으로부터 액막이를 해주는 존재로서의 믿음이었다. 결혼식을 마치고 빨간 치마 노란저고리를 입고 시댁 대문을 들어서는 순간 소금 세례를 받았던 기억이 난다. 시아버님이 초상집에 다녀오시는 때에도 어머님은 대문 앞에 기다리다가 소금을 뿌리셨다. 시어머님이 뿌려주신 소금 덕분에 잡귀가 물러가 탈 없이 이제껏 살아왔는가 싶기도 하다.

바닷물이 소금이 되기까지 자연과 인간의 만남으로 태어난 소금의 이름도 달랐다. 바람과 햇볕에 바닷물이 증발하고 인간의 땀이 섞여 남은 하얀 결정체가 천일염이다. 해염海鹽이라고도 한다. 뜨거운 햇볕에 익어 영롱하게 태어나는 결정체다. 그때 염부들은 '소금이 온다.'라며 하얀 소금을 맞는다고 한다. 암염巖鹽은, 과거 바다였던 곳이 지각변동을 겪으며 소금산이 생겨난 곳에서 얻는다고 한다. 먼 옛날 바다였던 곳이 솟아올라 남긴 바다의 흔적이다. 지금도 신비한 바위와 동굴의 형태로 남아있다고 한다. 자염煮鹽은 햇볕에 말린 갯벌을 바닷물로 걸러내고 가마솥에 끓여 염도를 높여 얻어낸 소금이다. 소금 중에 가장 맛이 좋다고 한다. 회염灰鹽도 있었다. 짠 바닷물에 오랜 시간 절인 나무를 태워 만든 소금이다. 절이고 태워 만든 회염은 그 맛이 짜기보다는 고통의 시간이 빚어낸 신비스러운 맛이 아닐까.

고난의 여정이 그 맛보다 짜디짜다. 세상에 존재하는 생명들의 생존을 위해 아낌없이 내어주는 삶이다. 뜨거운 태양 아래 온몸을 벌겋게 달구기도 하고, 태고의 신비를 안고 산처럼 솟아 전설처럼 남아있는 곳도 있다. 뜨거운 불 속에서 스스로를 태우고 짜디짠 바닷물 속에 담궜던 몸을 일으켜 또다시 불속에 사르기도 하는 소금이 짜디짤 수밖에 없는 이유이기도 하다. 인간이 따를 수 없는 소금의 고행이 인류를 위한 희생의 삶이다.

소금은 인간이 먹는 음식에 스며들어 비로소 자신의 가치를 드러낸다. 신맛에 맛을 더하고 단맛을 끌어올린다. 생명이 태초에 바다에서 시작되었다는 말을 증거 하듯이 인간의 피는 바닷물의 염분 농도와 비슷하다고 한다. 피의 흐름을 주관하는 심장을 염통鹽桶이라 한 것도 소금이 생명의 근원임을 생각게 한다. 우리 몸을 이루고 있는 것 중에 액체로 된 피, 눈물, 땀, 침, 소변은 모두 소금물인 셈이다. 진시황제가 그토록 찾고자 했던 불로초가 소금이 아니었을까 생각해 본다.

'소금 같은 하루'였다는 말이 생각난다. 어떤 물에서도 망설임 없이 스스로를 녹여버리는 3퍼센트의 사람들이 만드는 날들이 아닐까. 소외되고 구석진 곳을 찾아 애쓰는 사람들이 등판에 소금꽃을 피우며 사는 세상은 부패하지 않은 세상이다. 소금 같은 사람들 덕분에 우리 사는 세상이 썩지 않고 굴러가는 것 같다.

앞서가던 사람들이 소금 맛을 음미하고 있었다. 짠맛 말고는 다른 맛을 상상해 본 적이 없던 나도 소금을 입에 넣었다. 짠맛 뒤에 입안 가득히 감칠맛이 남는다. 소금이 달다. 입속에 파란색 바다, 파도가 부서지는 물안개, 비릿한 바다 냄새, 갈매기 노랫소리, 이글거리는 태양볕에 달아오르는 소금 맛이 가득 퍼진다.

우리말 보물찾기

말은 생명체와 같다고 했다. 시대에 따라 새로 태어나기도 하고 변하기도 하고 사라지기 때문이다. 어느 시인은 우리말을 알면 알수록 정겹고 맛있게 버무려 만든 음식을 먹는 것 같다고 했었다. 내겐 오래된 선조들의 삶 속으로 여행을 떠나는 듯한 흥미로움과 새로움을 느꼈던 순간이 있었다.

450페이지가 넘는 '장승욱' 시인의 《우리말은 재미있다》를 읽었다. 2009년 출간된 책이니 10년이나 늦게 만난 셈이다. 바람에 떨어진 열매를 줍는 촌부의 심정으로 수집했다는 아름다운 우리의 토박이말이 수두룩했다. 《한겨레말모이》 외에도 우리말에 관한 책을 여러 권 쓰신 분이다. 사전에 나와 있지 않은 말은 현장을 찾아가 수집한 것들을 지금도 깁고 가다듬는 중이라고 했다.

바람에 떨어진 열매를 줍는 촌부의 심정으로 수집한 아름다운 토박이말들이 예뻐서, 낯설어서, 의외의 뜻을 담고 있어서, 읽기를 멈추곤 하다가 달아나는 기억을 붙잡아 두고 싶은 심정으로 노트에 옮겨 써 보기도 했다.

농사짓고, 바다에 나가 고기를 잡아 먹고사는 일상생활 속에서 입과 입을 건너다녔을 낱말에 재치와 위트가 담겨 있었다. 자연과 하나 되어 살았던 선조들의 삶이 눈앞에 그려지는 듯했다.

한 글자 뒤에 '–사리'가 뒤에 붙은 낱말이 유난히 눈에 많이 띄었다. 오사리, 늦사리, 첫사리, 초사리, 도사리, 아사리, 막사리, 피사리. 날사리. 끌어안고 살았던 일상을 '–사리'라 표현했던 것 같다. 멸치 잡는 어부들의 말에도 초사리, 오사리, 중사리, 늦사리가 있었다. 그물에 잡히는 멸치의 크기도 계절 따라 맛도 달랐던가 싶다.

먹는 사람의 지위에 따라 밥도 알게 모르게 구분 지어놓은 듯 낱말이 달랐다. 그릇에 남긴 밥은 대궁이었다. 임금님이 드시는 '수라', 반찬 없이 먹는 밥은 '메나니', 하인이나 종이 먹는 밥은 '입시', 귀신이 먹는 밥은 '메'라고 했다.

사람과의 관계에서 '검정새치'라는 말이 있었다. 같은 편인척 행동하는 염탐꾼을 이르는 말이다. 새치이면서 검은 체 할 뿐 사실은 솎아내야 할 인물인 것이다. 우리말의 은유적인 표현이 재치가 넘친다. 의외로 낯선 '안갚음'이라는 낱말은 부모님의 은혜를 생각하게 하는 의미가 담긴 말이었다. '안'은 '마음'이다. 마음속이나 가슴속을 뜻하는 말이다. 안으로 갚아야 할 것은 부모님 은혜 말고 또 무엇이 있으리.

다른 나라의 말인가 싶기도 한 낱말 중에는 다섯 손가락을 일컫는 '두매한짝', 피륙을 파는 가게 '드팀전', 물건을 혼자 독차지하여 파는 상도를 벗어난 '외목장수', 제멋대로 짤짤거리고 쏘다니는 계집아이를 뜻하는 '뺄때추니'도 있었다.

어디선가 들어본 듯한 '모꼬지'는 단체여행이라는 말보다 백배나 예쁜 말이다. 몰라서 쓰지 못했던 게 아쉽다. 한발 늦었다는 아쉬움을 '가을부채'라 했다. 제때에 할 일을 다 하지 못하는 우리의 나태함을 나무라는 듯한 표현이 재미있다.

파도가 부서지는 포말을 '메밀꽃'이라 했다. 이효석의 소설 《메밀꽃 필 무렵》에는 달빛 아래 하얗게 핀 밤길을 걷는 소설 한 대목이 잊히지 않고 환상처럼 남아 있는데, 바닷가 선조들에게는 파도가 부서지는 바다에 '메밀꽃이 피었다.'고 했다. 뭉클해지는 낱말 하나가 한 줄 시 구절보다 아름답다.

들여다볼수록 낱말 하나하나에 깊은 삶의 의미와 이야기가 담겨 있었다. 우리 삶 속으로 가져와 부려 쓰는 일이 쉽지 않았던 것은 몰라서 제대로 쓰지 못했을 뿐만 아니라 알아도 그릇되게 쓰기도 했고 무엇보다 토박이말에 관심을 두지 않았기 때문이다. 어색하고 익숙지 않아 선뜻 글 속에 끌어다 쓸 수가 없었다.

요즘 우리가 사용하는 어휘나 표현들이 너무 단순해졌다고 한다.

어휘는 생각의 깊이와 넓이를 드러내는 것이어서 어휘가 빈곤하면 생각도 빈곤할 수밖에 없다. 아름다운 우리말을 한마디라도 더 익히기 위해서 말집(사전)을 챙겨두고 자주 들여다 볼일이다. 사전을 펼치면 낱말들을 따라 읽다가 손에서 내려놓지 못할 때도 있다. 꽃밭에서 꽃만 보는 게 아니라 나비도 보고 벌도 보듯이 생각지도 않은 것들을 보면서 얻는 기쁨도 크다.

외래어 홍수에 묻혀 우리의 토박이말이 설 자리를 잃고 있다. 어느 나라 말인지 알 수 없는 말들이 난무하는 세상에 우리들이 자주 불러주고 쓰지 않으면 사라지고 말 것이다. 책머리에 감칠맛 나는 우리말을 살리는 일에 물방울만큼이라도 이바지할 수 있기를 바란다는 글과, 우리 말을 잘 알고 더 잘 쓸 수 있는 밑바탕이 될 만한 보석같은 말들을 책 속에 넣어 두었다는 시인의 말이 남는다.

우리의 나날 살이(매일)에 사라지는 예쁜 토박이말을 우리 아이들이 익숙하게 쓸 수 있게 가르쳐야 할 것 같다. 어른아이 모두 익히고 배워 우리의 말과 글이 되살아나 제자리를 찾게 된다면, 후손들에게 커다란 손씻이(선물)를 물려주는 일이 될 것이다. 어른으로 할 수 있는 일 중에 이보다 더 값진 일이 무엇이 있을까 싶다. 하루하루 토박이 낱말을 달자취(달력)에 새겨보며 익혀 볼까 싶다.

(9월 18일 수. 온 가을 달 열여드레 삿 날)

다람쥐 영감

부모님이 계신 선산은 밤나무 숲으로 둘러싸여 있다. 가을이면 밤을 주우러 일부러 산소에 들른다. 부모님께 절을 올리고 나면 밤을 줍기 시작한다. 재래종 밤은 알이 작지만 단맛이 그만이다. 입을 꽉 다물고 있는 밤송이는 한쪽 끝을 살짝 밟고 집게로 껍질을 벗겨내면 갈색 알밤이 불거진다. 세개의 알밤을 영의정, 우의정, 좌의정이라 여겼던 조상들은 밤을 젯상에 올리면서 자손들이 삼정승에 오르기를 비는 마음이었을 것이다.

바람이 훔쳐 갔는지 속이 빈 것도 많다. 마음 단속하지 못해 벌레가 파먹은 것도 있다. 청솔모와 다람쥐가 감쪽같이 알맹이를 꺼내 가고 껍질만 남은 것도 수두룩하다. 빈 껍질을 멀리 던지며 그이는 '다람쥐 영감' 이야기를 또 꺼낸다. 해마다 듣는 이야기를 또 들어도 재미있다.

가을이면 다람쥐 영감은 겨울 양식을 준비하기 위해 마누라를 여럿 맞아들인다. 이해하기 어려운 다람쥐 세상이다. 마누라 여럿이 모은 밤이 창고에 그득해지면 눈먼 마누라 하나만 남기고 다 쫓아버린다.

다람쥐는 낙엽을 이불 삼아 땅속에서 눈먼 마누라와 둘이서 겨울을 지낸다.

“에구 쓰다.”

“엄청 달고만 쓰다고 하는겨.”

눈먼 마누라에게는 쓰디쓴 도토리만 먹인 다람쥐 영감, 봄이 오면 묻어 둔 밤도 눈먼 마누라도 그만 까맣게 잊고 연분홍 색 꽃들과 눈 맞추기 바쁘다.

유월이 오면 밤꽃이 하얗게 피어 온산에 가득하다.

옥수수가 익어가는 유월을 인디언은 생의 기쁨을 만끽하는 달이라 부른다. 온 사방 구름 냄새와 밤꽃 향기 가득한 곳에 다람쥐가 꼭꼭 숨겨둔 씨앗이 싹을 틔우고, 엄마 그늘을 벗어나 멀리멀리 굴러간 씨앗이 양지바른 곳에 자리를 잡고 싹을 틔운다.

추운 겨울밤, 식구들이 둘러앉아 삶은 밤을 먹는다. 속 비늘을 벗기고 하얀 속살을 접시에 담아 놓으면 다람쥐처럼 맛있게 집어 먹는다.

“엄청 달아요.”

새끼들 입 속에 들어가는 소리만 들어도 배가 부르다.

메모의 습관

물건들이 제자리에 없다. 찾으러 다니는 일이 어제오늘 일이 아니다. 이미 오래전부터 내가 눈을 잠시 돌리기만 하면 다른 데 숨어 있기도 하고 아예 사라져 버리기도 한다. 급하게 필요할 때일수록 내가 찾을 수 없는 곳으로 숨어버린다. 모든 일에 속도를 늦춰야 할 때가 된 것 같다. 안경은 늘 벗어 둔 곳에 있지 않고, 스마트 폰을 찾으러 다니는 그 여정은 험난하고 고달프다. 열쇠, 시계, 지갑, 안경, 카드 등 소지품에 소리 나는 방울이라도 달아 두고 싶은 심정이다.

건망증에 달달 볶이던 김경미 시인의 『수첩』이 생각난다.

…/ 구름을 어디다 띄웠는지/ 유리창을 어디다 달았는지/ 적어놓지 않으면 다 잊어버린다./ 손바닥에 적기를 잊어버려/ 연인도 바다도 다 그냥 지나쳤다./ 때론 살아 있다는 것도 깜박 잊어버려/ 살지

않기로 한다./ 다만 슬픔만은 어디에 적어 두지 않아도/ 갓 낳은 계란 같은 눈물 자국을/ 어디에고 남기고 또 남긴다.

살지 않기로 한다는 넋두리가 늘 못 살겠다는 말을 내뱉는 나를 보는 듯 해 웃음을 자아내지만, 삶에 대한 소심한 복수가 짠하다.

기억은 왜곡되고 편집되기도 하지만 부서지고 바래고 묻혀 버리기도 한다. 두께도 얇아지고 색깔도 바란다. 희미해지고 낡아버린 기억의 끈을 놓치지 않으려 애를 써 보지만 그 끝에서 늘 허망한 마음이다. 아껴 두었던 기억들마저 발이 달렸는지 까마득히 멀어져 간다. 기억력이 감퇴하는 이유는 뇌기능의 저하가 아니라, 머릿속에 너무 많은 것을 담고 있기 때문이라고 한다. 살아온 만큼의 부피로 쌓여 있는 기억들 때문에 새로운 기억을 저장할 공간이 부족하다는 말이기도 하다. 뇌의 용량보다 넘치는 것을 기억하려는 인간의 욕심도 한몫하는가 싶다.

며칠 전 비가 쏟아질 것 같은 날씨에 외출하면서 우산을 가방 속에 챙겨 넣었다. 일을 보다가 비가 쏟아지기 시작하는데 비를 철철 맞고 뛰어다녔다. 아무에게도 말하지 못한 그 기막힌 일에 나 자신 놀라기도 했지만, 나 스스로에게 분노가 치밀었다. 시간이 지난 지금도 그날의 일만 생각하면 우울해진다. 오래된 관절이 닳듯이 마음도 닳고, 기억력도 낡고 닳아버린 탓이라 여긴다. 영화 '메멘토'의 주인공처럼 온몸에 문신이라도 새겨 놓아야 할 것 같다. 금방 날아가 버리는 기억 때문에 만났던 사람들의 이름과 날짜를 온몸에 새기던 주인공의 모습이 아프게 남아있다.

메모의 습관은 늦게 시작한 수필 공부를 하는 데 꼭 필요한 일이다. 달아나는 생각을 붙잡아 두고 풀리지 않던 단어 하나를 잊지 않으려고 적어 둔다. 또 사람들과 대화하다가 언뜻 떠오르는 문장을 적어두기도 한다. 나를 믿지 못하기 때문에 나만이 알아보는 노트에 은밀히 적어 둔다. 그렇게 애써 적어놓은 수첩을 찾는 데 많은 시간이 걸린다.

이제는 없어지면 없는 대로 달아나는 것은 달아나는 대로 놔두는 마음 수련을 하는 중이다. 사라진 것들이 어느 날 뜬금없이 뜬금없는 장소에서 나타나기도 하지만 영원히 나를 떠나 버린 것들은 어디에 숨었는지 알 길이 없다. 하찮은 것들이 나를 배반하고 떠나가기 전에 내가 먼저 그들로부터 떠나 볼 생각이다. 할 수만 있다면 수도자들처럼 간단하고 단정한 생활을 따라 해 보고 싶다.

성공한 사람들의 공통점 중 하나는 메모하는 습관 즉, 손이 부지런한 사람들이라고 한다. '손은 제2의 뇌' 또는 '손은 밖에 나와 있는 뇌'라고도 했다. 수첩을 찾는 어이없는 시간보다는 위인들의 메모 습관을 따라 해 볼 일이다. 철학자 아리스토텔레스는 메모광으로 유명했던 사람 중 하나이다. "천재가 있는 것이 아니라 메모광이 있을 뿐"이라는 말을 했다고 한다. 머릿속을 채우는 방대한 생각 보따리들을 순간순간 메모하지 않았더라면 오늘날 그의 역사적인 저서나 명성도 존재하지 않았을지도 모를 일이다.

삼천사백 권이나 되는 메모 노트를 남긴 에디슨도 메모광이었고, 떠오르는 악상을 놓치지 않으려고 입고 있던 옷에 악보를 그렸다는 슈베르트, 모자 속에 필기구를 넣고 다니며 틈틈이 메모에 열중했다는 링컨 대통령, 역사에 남은 메모의 습관이 위인을 탄생시켰다고 해도 지나친 말이 아니다.

너무 많은 것을 기억하고자 애쓰기보다는 메모하고 볼 일이다. 아인슈타인은 자기 집 전화번호도 외우지 못했다고 한다. 의아해하는 기자에게 "그런 걸 외우는데 왜 머리를 씁니까? 메모해 두면 되는데." 메모의 습관을 일찍이 깨우친 천재다운 한마디가 고개를 끄덕이게 한다. 담아두려 애쓰기보다는 비우고 나아가 수첩을 찾아 헤매지 않기 위해 메모의 습관을 익혀야 할 일이다.

모란꽃 시인

봄은 남녘에 서둘러 와 있었다. 진즉부터 꽃 잔치를 준비하고 우리를 기다리고 있었던가 싶다. 모란꽃 시인을 만나러 강진 가던 날 출발에 앞서 오래된 기억 속에 남아있는 시인의 시구절들이 자꾸만 입에서 맴돌았다.

시인의 생가 대문 앞에 〈모란이 피기까지는〉 시비가 서 있었다. 학창시절 자주 입에 올리던 시 구절을 더듬어 보며 새삼 문학소녀의 감성으로 되돌아간 느낌이다. 정갈하게 다듬어진 초가집 한 채가 남쪽을 향해 앉아 있었다. 시인의 넋인 양 꽃밭 한쪽에 모란꽃 한 송이가 외롭게 피어 멀리서 찾아온 나그네를 반겨 주었다. 며칠 전 꽃샘추위가 발걸음을 붙잡았을까 아직 피지 못한 꽃봉오리들이 솜털로 얼굴을 감싸고 있었다.

이엉이 단단한 두 칸 초가집과 돌담이 정겹다. 지키고 감출 것도 없다는 듯이 담에 기대선 대문이 활짝 열려 있었다. 반짝이는 아침 햇살이 부드럽게 내려앉은 마당도 시인의 눈길이 머물렀을 맑은 새암도, 뒤란의 장독대와 대나무 숲도, 오래된 동백나무도 시인의 고뇌와 열정을 고스란히 간직하고 있는 듯했다.

툇마루에 앉아 보았다. 영감과 서정이 열매를 맺고 익어가던 곳마다 시인의 체취가 묻어날 것만 같다. 댓돌에 놓인 흰 고무신조차 시인의 외로운 영혼이 깃들어 있는 듯했다. 나라 잃은 젊은 시인의 시가 너무 파리하고 창백하다고 했던 유홍준 박사의 글을 읽은 적이 있다. 너무 아름답고 슬픈 그의 주옥같은 시가 망국의 한을 마주하기보다는 비켜선 채 빚어낸 언어들이라고 했었다. 터트리지 못한 울분을 참아내던 그의 언어들이 부딪치면 깨져 버릴 듯 너무 투명하고 아름답기 때문일 거라는 생각을 해 본다.

마루에 앉아 보이는 먼 곳에 바다가 한눈에 들어온다. 절망의 늪에서 길어 올린 언어들이 울부짖을 때 저 바다를 바라보며 망국의 한을 달래었으리라. 떨어진 동백 꽃이 시들지 못하고 빨갛게 피어 있는 것은 시인의 가슴이 피멍이 든 흔적인지도 모를 일이었다.

서재 안의 사진과 마주했다. 꽉 다문 입에서 무수한 언어들이 쏟아질 것만 같다. 깊게 그늘진 눈빛으로 광복의 날을 애타게 기다렸을 시인의 애끓는 마음이 아프게 다가왔다.

얼마 전 통영에 갔을 때 '청마 기념관'에 들렀던 때가 생각난다. 유치환 시인의 작품 〈깃발〉 앞에서 선배 한 분이 우리들에게 들려주신 이야기가 있다. 일제 강점기 거목 같은 문학가들의 작품이 유난히 많은 이유에 대한 말씀이었다.

“어렵고 힘들었을 때일수록 예술의 깊이와 경지는 극에 달하는 것입니다. 문학은 견딜 수 없는 고통 속에서 익어가기 때문이지요. 암울한 시대에 지식인들이 배설할 곳은 글을 쓰는 일밖에 없었고, 나라를 빼앗긴 분노가 그렇게 소리 없는 아우성이 되어 세상을 향해 외쳤던 것이지요.”

조국의 운명에 고뇌하면서 문학의 열정을 꽃피우지 못하고 써 내렸을 시구절의 의미를 되새겨 보았다. 시詩가 위안이고 유일한 해방이었고 단 하나 위로였을 것이다. 세상 밖으로 외칠 수 없었던 고뇌와 슬픔을 시의 언어를 빌려 표현할 수밖에 없었던 시절, 아무도 모르게 쓰고 지웠을 문장이 얼마나 많았을까.

학창시절에는 내가 좋아하는 시인이 모란꽃을 닮은 우아한 여인인 줄 알았었다. 구슬이 은쟁반을 구르는 소리가 들릴 것만 같던 영롱한 시를 입술에 올려놓고 문학소녀의 꿈을 키웠다. 내가 이름 지어 부르던 ‘모란꽃 시인’을 시간과 공간을 뛰어넘어 시인의 영혼을 만난 느낌이다. 영감의 원천이었던 시인의 생가에 앉아 시가 익어가던 그분의 흔적을 따라 걸어보았다. 못다 핀 시인의 영혼인 듯 마당에 피어있는 모란꽃 한 송이가 하늘을 향해 서 있었다.

온도

대접에 담긴 국수가 푸짐하다. 파, 고춧가루, 김가루와 깨를 고명으로 얹은 잔치국수다. 점심때를 넘긴 일행 한 사람이 국물 한 숟가락 입에 넣는다. 기대한 맛이 아닌지, 잠시 말을 잃는다.

"국물이 따끈해야 제맛인데." 아쉬운 표정이다.

뜨겁지도 않고 차갑지도 않은 온도가 맞지 않은 음식은 아무리 고급음식이라 해도 맛을 논할 수 없다. 음식은 신선한 재료와 솜씨는 물론이고 정성이 들어있어야 맛이 난다는 말은 온도를 맞추어야 한다는 의미이기도 하다. 음식이 지니고 있는 고유한 온도가 맛을 좌우한다. 설렁탕처럼 뜨거운 음식을 후후 불어가며 먹어야 하는 음식이 있고, 동치미처럼 '어~ 시원하다.' 며 먹어야 제맛이 나는 음식이 있다. 길거리에서 사먹는 붕어빵도 뜨거워야 제맛이다.

짠맛은 온도가 올라갈수록 그 맛이 모호해진다. 뚝배기의 된장찌개가 식으면 짜게 느껴지는 이유다. 같은 농도의 설탕물이라도 체온에 가까우면 단맛을 강하게 느낀다고 한다. 가장 맛있게 먹을 수 있는 국물의 온도는 60도라는데, 뜨거운 음식은 체온과 한참 떨어진 온도에 맛이 숨어 있는 것 같다.

세상 모든 일과 관계 속에는 온도를 지니고 있다. 외로움에도 온도가 있어 그 차가움을 대하는 사람에 따라서 무너지는 사람이 있고 극복하는 사람이 있다. 외로움에 자주 뒤척이는 것은 그 역경을 딛고 일어설 수 있게 하늘이 돕는 것이라 했다. 대추나무는 장맛비를 맞고 흔들려야 열매를 맺고 최고의 와인은 척박한 땅에서 자란 포도가 만들어 낸다. 외로움의 긴 터널을 지나고 나면 삶이라는 능선이 그리 힘들지 않을 것 같다.

이기주 작가는 《언어의 온도》(말글터) 에서는 말에도 온도가 있다고 했다. 따뜻한 말은 온기가 있어 슬픔을 감싸고, 차가운 말은 상대의 마음을 꽁꽁 얼어붙게 만든다. 감정이 잔뜩 실린 말은 상대방에게 화상을 입힐 수 있고, 얼음장같이 차가운 말은 상대방과 한순간 담을 쌓게 만들기도 한다. 어떤 말을 하느냐보다는 어떻게 말하느냐가 더 중요한 것임을 생각게 한다.

좋아하는 음식이나 추억이 담긴 음식을 먹을 때 마음의 온도가 오르지 않을까. 무더위에 지친 몸보신을 위한 음식 중에 인삼을 넣은 닭백숙, 고소한 서리태 콩국수도 좋지만, 육수가 담백한 냉면이 생각난다. 쫄깃한 면발보다 얼음처럼 차가운 국물은 갈증을 해소하고 땀을 식혀준다. 사리 위에 올려놓은 삶은 달걀 반쪽을 언제 먹을까 고민하면서 먹는 즐거움에 마음의 온도는 높아지고 더위에 달궈진 체온은 내려갈 것이다.

내 감정만 바라보다가 상대방을 배려하고 살피는 일에 서툴기만 한 내 마음의 온도는 몇 도쯤일까. 현실에 만족하지 못하고 부정적인 마음일 때 마음의 온도는 차갑게 내려가고 반대로 따뜻한 이야기를 접할 때나 남에게 도움이 되는 일을 하거나 칭찬을 받을 때 오른다고 한다. 각박한 현실 속에서도 따뜻한 마음을 나누며 살아야 할 일이다.

5부

잠재울 수 없는 생각들

거미 집짓기

거미가 집을 지었다. 씨줄 날줄로 엮어 초록색 나뭇잎을 배경 삼아 지은 집이 아름답다. 허공을 가르는 바람의 세기와 빗방울의 무게와 새털구름의 무게를 재료 삼아 지은 집이다. 작은 바람에 하늘도 그물에 걸려 출렁거린다. 밤이면 가로등 불빛이 화려한 야경을 감상할 수 있는 꿈같은 집은 자연 친화적이고 누가 봐도 부러워할 만큼 근사하다.

세상 풍경이 한눈에 내다보이는 집에서 거미는 가족들과 그네를 타며 노래를 부른다. 화려한 불빛에 하루살이와 작은 나비들이 몸을 던지면 식탁은 더없이 풍성해진다. 배를 두드리며 만찬을 즐기고 무한대로 펼쳐진 허공을 여행하며 풍요로운 삶을 즐긴다.

풍경처럼 지어진 그림 같은 집 건너편 동네 거미는 허술한 지하실 구석에 매달려 내 집 마련의 꿈을 키운다. 집 장만의 꿈이 일생의 목표가 되어버린 거미는 공중에 아슬아슬하게 매달려 외줄 타기를 한다. 네 쌍의 다리를 폈다 오므렸다 하며 위태로운 공중곡예를 하면서. 집 짓고 자식 낳아 행복하게 살고 싶은 소박한 꿈 하나에 목숨을 건다. 때때로 하얀 종이에 집을 그려보고 그 안에 꿈도 그려 넣는다. 지웠다가 다시 그려보는 그림 위에 화려한 저택이 자꾸만 겹친다. 멋진 배경과 전망 좋은 곳은 이미 손 큰 거미들의 영역이 되어버렸다. 벽을 높이 쌓고 사는 그들만의 영역은 올려다볼 수 없는 다른 세계일 뿐이다.

남쪽으로 난 창문으로 반짝이는 별이 쏟아지는 집을 그렸다가 지운다. 방울방울 맺힌 이슬이 구슬을 달아놓은 그림 한 점 걸어놓고 싶은 꿈도 지운다. 손바닥만 한 마당에 심고 싶은 꽃들도 지워버린다. 꿈과 현실이 너무 멀어 집을 그리는 일을 그만두었다.

지하실 습한 곳에서 외줄 타기를 하며 키우던 꿈 하나, 내 집 마련의 길은 요원하기만 하다. 두 발 뻗고 쉬고 싶은 작은 내 집이 없어 미래도 사랑도 꿈도 포기해 버린다. 그날이 그날 같아 지친 거미의 한숨에 땅이 꺼진다.

기꺼이 헤매리라

방향감각이 없는 나는 늘 길을 찾는다. 진화되지 못한 방향감각은 같은 길을 수없이 반복해서 다녀도 처음처럼 느껴진다. 돌아오는 길은 꼭 왔던 길만을 되짚어 와야 하는 게 나의 한계다. 남편은 여러 번 같이 왔었다고 말하고 나는 처음 와보는 곳이라 우긴다. 전에는 아이들이 깔깔대고 웃더니 요즘은 먼 길 혼자 가면 큰일 나겠다며 걱정을 한다.

새들은 길이 없어도 길을 찾아 공중을 나는데 나의 길 찾기 능력은 새보다 못한 것 같다. 이른 새벽 부지런히 깃털을 고르는 새는 바람과 안개의 냄새만으로 길을 찾는다고 한다. 어두운 밤엔 별빛을 이정표 삼아 길을 찾고 해가 뜨지 않은 날에는 구름을 벗 삼아 날개를 편다. 어느 방향으로 서 있어도 왼쪽은 동쪽이고 오른쪽은 서쪽이라는 생각이 뿌리박힌 지 오래다. 거기에 지도를 보는 능력은 옳게 보아도 거꾸로 보아도 그림 한 장일 뿐이다. 클레오파트라는 아무리 들어도 알 수 없는 전투용 지도를 펴놓고 설명하는 안토니우스를 죽여 버리고 싶었다고 한다. 믿거나 말거나 한 말이지만 동병상련의 아픔을 이해하고도 남는다.

길치, 방향치라는 별명을 달고 다니는 내게 남편은 어디를 가든지 길과 이어지는 지형을 기억하라면서 열심히 설명을 한다. 하지만 내 머릿속 단단한 돌과 부딪치는 순간 모두 부서지고 만다. 누군가 길찾기는 어둠 속에서 음식을 먹을 때 저절로 손이 입을 찾아가는 본능 같은 것이라 했다. 내가 모르는 다른 세상의 이야기일 뿐 그것을 처음부터 갖고 태어나지 못한 것 같다. 애초에 내 머리에는 지도나 방향을 알아보는 감각은 존재하지도 않았었고 가져본 적도 없는 것 같다.

아이들이 어렸을 적에 거실 한쪽에 가로길이가 일 미터쯤 되는 수족관이 놓여 있었다. 물고기들은 내가 다가가면 우르르 모여들어 일제히 수면 위로 입을 내밀었다. 좁은 공간에 갇혀 같은 곳을 맴도는 고기들이 답답하겠다는 내 말에 남편이 말했다.

"방향감각이 없으니 답답할 일도 없을 걸." 여러 번 갔던 길을 처음 가는 길이라 우기는 나를 빗대어서 하는 말이었다. 공간 지각 능력이 없어 여러번 갔던 길을 새로운 길이라 말하는 나의 지능지수는 물고기 수준인 것이다.

길은 늘 그 자리에 있는데 어딘가를 향해 떠날 때마다 내게는 늘 낯설기만 하다. 소설 속에 로미오와 사랑을 나누었던 줄리엣도 집으로 가다 길을 잃었다. 오즈의 마법사에 나오는 마녀도 서쪽을 찾지 못하고 남쪽으로 북쪽으로 동쪽으로 헤매고 다녔다. 성서에 나오는 모세는 이스라엘 민족을 이끌고 시나이 반도를 40년이나 헤맸다. 모세가 길을 잃어버린 것은 역사적으로 기록에 남을만한 방향치가 아니었을까 생각하곤 한다. 아니면 가까운 지름길을 두고 오랜 세월 헤맨 것은 인간이 가야 할 험한 세상을 가르치고자 하신 신의 뜻이 아니었을까. 인생길이 얼마나 멀고 힘들고 험한지 어리석은 인간이 깨우칠 수 있기를 바라는 깊은 뜻이었을지 모를 일이다.

살아오는 동안 수많은 길을 헤매었다. 계절 따라 꽃이 피고 낙엽지는 산과 들의 표정마저 낯설어 두리번거렸다. 내리막길은 느리게 걷고 오르막길은 숨이 가빴지만 한 발씩 내디디며 막막한 길을 걷기도 했었다. 다만 내가 가야 할 곳이 어딘지, 내가 살면서 찾는 것이 무엇인지 잊지 않으려 애를 썼다.

꼭 가야만 하는 길 앞에서 길을 찾지 못해 헤매는 것만큼 두려운 일은 없었다. 처음부터 다시 시작하는 마음으로 걸었다. 길을 가로막는 혼란스러움의 정체와 가로놓인 장애물을 어떻게 뛰어넘어야 할지, 길 위를 서성거리던 때도 있었다. 지금 생각하면 지름길보다는 낮선 길 위에서 새로운 길을 찾을 때 삶을 다시 시작할 용기를 얻을 수 있었다.

좁은 오솔길, 굽은 길, 가파른 오르막길, 내리막길을 수없이 오가면서, 내 의지만으로 선택했던 길이 옳고 바른 길이었다. 흔들림 없이 바른길만을 따라 가는 것만이 길을 헤메지 않는 단 하나의 방법이었다. 길은 어디에나 서로 닿아있었다. 길이 보이지 않을 때 길을 묻고 길 위에서 길을 찾았다. 헤매고 살아온 내가 또 다른 어려움이 닥쳐도 새로운 길 찾아 기꺼이 헤매리라 다짐해 본다.

부사의 쓸모

그냥 둘까 지워버릴까 고민할 때가 많다. 과장하기 좋아하는 낱말 하나를 문장 위에 놓고 생각하면서 들여볼 때이다. 아홉 개의 품사 중에 쉽게 끼워 넣고 스스로 만족하는 게 부사다. 내 글 속에 들어있는 단어 하나가 문장의 품격을 떨어뜨리는지 풍요롭게 만들어 주는지 살펴봐야 한다. 나의 정원을 꾸미고 싶을 때 가지를 다듬고, 잡초를 뽑아내고 잔돌을 골라내듯이.

부사는 음식에 넣는 조미료 같아서 문장 가운데 심어 놓으면 갑자기 글이 맛이 나고 생기가 돈다. 단어와 단어 사이에 슬쩍 끼워 넣고 보면 그럴듯해 보인다. 알고 보면 '정말' 문장 속에 독이 되는 품사다.

말도 문장도 번성하는 시기가 있고 쇠락하는 시기가 있다고 한다.

부사가 대중의 욕망을 읽어내는 지표라고 하는데, 부드러운 짐짓, 무릇, 사뭇은 찾아보기 어렵고 요즘은 자기를 드러내는 강한 의미의 부사 '너무'를 '너무' 많이 사용하는 것 같다.

'당신을 '너무' 사랑합니다.'와 '당신을 사랑합니다.' 두 문장을 자세히 들여다보면 어느 것이 진정성 있는 말인지 확연해진다. 허풍과 과장을 일삼는 부사의 정체를 실감할 수 있다. 단어 끝에 조사 '의'가 둥둥 떠다니는 문장이 잔소리로 들리듯, 문장 사이를 아무렇지도 않게 건너다니는 부사의 쓸모는 생각만큼 쉽지도 않고 어렵기도 하다.

가끔 애꿎은 모니터만 노려보다가 나도 모르게 깜박 졸기도 한다. 멍하니 서 있던 모니터는 까맣게 화면을 덮어버리고 어둠 속에 숨어버린다. 앉아서 꾸는 꿈속에서 부사 하나 넣었다가 지우고 다시 써넣기를 반복한다. 내가 쓴 문장이 비단결처럼 매끄럽고 부드러우면 좋겠다는 바람이 마음속에 가득하지만 그건 욕심일 뿐이다. 글쓰기는 단번에 완성되는 생산품이 아니다. 뒤로 물러서지도 못하고 밀어 올리다 보면 다시 굴러떨어지는 '시시포스'의 바윗돌 같다. 쓰고 지우고 다시 쓰는 게 운명이라 여기지만, 그보다 더 큰 이유는 단 한 가지 잠재울 수 없는 생각들 때문이다.

수필을 쓸 때, 불필요한 단어는 치우고, 쓸모없는 부사는 잡초처럼 뽑아내야 한다고 배웠다. 화장 덧칠하듯 바르고 싶은 형용사는 간결하게, 그리고 접속사의 고리는 가능하면 끊어버리는 게 '제일' 좋은 문장을 만드는 지름길이라는 것도 배웠다. '절대', '진짜', 쓰지 않으리라 마음먹지만 '왠지' 쓰고 싶어질 때가 있다. 유명 작가들의 좋은 글을 읽고 나서 가슴이 먹먹해질 때, 작가의 솔직함에 연민을 느낄 때, 옹이 같은 상처를 삶의 지표 삼아 승화해 낸 글을 읽고 감동하며 가슴이 뭉클해질 때, 더하지도 않고 덜하지도 않은 삶을 드러내 보이는 유려한 문장이 갈 길 먼 내 글을 돌아보게 하는 때이다.

걸러내지 않은 감정이 문장 위에 떠다닐 때 시야를 어지럽히는 게 부사다. 시간을 두었다가 부유물이 가라앉은 후 다시 들여다보면서 걷어내야 할 단어 중 하나이다. 문장이 엉키고 문장이 늘어지는 이유를 찾다 보면 쓸모없이 자리만 차지하는 부사가 문장 위에 존재한다. 보고 듣고 읽고 쓰고 지우는 일을 할 때마다 생각해야 할 일 하나 있다. 몸으로 체험한 것을 진실하게 표현했는지, 설익은 개념으로 섣부르게 쓰지는 않았는지, 부사를 마구 욱여넣으며 덤비는 글은 아닌지…. 남의 글에서는 보이고 내 글에서는 안 보이는 게 나의 한계다. 쓸모없는 단어와 부사는 몸에 해로운 첨가물처럼 글에도 해롭다는 것을 잊지 말아야 할 일이다.

생각해 보면 치장하려 애쓴 문장일수록 부사가 난무한다. 나도 모르게 끼워 넣고 스스로 만족하는 함정을 알아채지 못하는 게 함정이다. 진하게 화장하지 않은 작가들의 글이 마음을 사로잡던 기억을 떠올린다. '가장' 적확한 단어와 제대로 된 문장으로 집 짓듯 탄탄한 문장들이 멋스럽고 발칙하기조차 했었다. 내 글을 돌아보며 내가 선택한 수필의 길이 얼마나 멀고 험한지 아득해진다. 한 줌 남은 열정으로 쓰고 지우고 다시 쓰면서 내 글이 가만가만 깊어지기를 꿈꾼다.

부사를 가장 많이 넣어 적어본 글을 다시 읽어본다. 모두 지우고 읽어도 괜찮은 문장 위에 부사가 어지럽게 널려있다. 조미료를 넣은 음식을 먹고 난 것처럼 '진짜' 속이 느끼하다.

뻐꾸기의 악보

이른 아침 맑고 고운 새소리를 들으며 걷는다. 앞에서 나는가 하면 뒤쪽이고 가까이에 있는가 싶어 돌아보면 저만치 나뭇가지 위에서 지저귄다. 아침을 깨우는 새소리는 무더위에 뒤척이던 긴 밤을 잊게 한다. 종종거리던 참새들이 포르르 전깃줄에 오른다. 오선지에 그려 놓은 악보처럼 나란히 앉아 아침 인사를 나눈다.

우거진 숲 속에서 들려오는 뻐꾸기 소리는 누군가를 애타게 부르는 듯 애잔하다. 귀를 기울여 보면 반복되는 네 음절 속에 높낮이가 있다. 첫 음보다 두 번째 세 번째 음절은 한음 낮아진다. 그리고 마지막 음절은 한 음계 더 내려앉는 소리에 리듬이 실려있다. 관중 없는 콘서트를 즐기는 뻐꾸기는 작은 날개 속에 세 개의 현을 품고 있는 것 같다. 내가 흉내 내보며 따라해 본 음이 '미레레시, 미레레시'

의 음계이다. 다른 새들이 흉내 낼 수 없는 그들만의 악보를 지니고 있다.

새들이 한데 모여 음악회를 한다면 얼마나 아름다울까 상상해 보곤 한다. 그들이 펼치는 세상에 없는 음악회에 초대받고 싶다. 지휘는 연미복 차림의 제비가 어울릴 것 같다. 앞줄에는 언제나 검정과 흰색의 정장 차림을 한 까치들이 현악기를 연주하면 좋을 것 같다. 관악기는 입속에 커다란 공기주머니를 지니고 곧잘 큰소리로 지저귀는 까마귀가 제격이다. 나무든 콘크리트 벽이든 두드려 구멍을 내는 딱따구리는 타악기를 연주하면 어떨까. 먼 산에 숨어 노래하는 뻐꾸기는 연주회가 끝날 즈음 특별한 소리로 혼자 슬픈 음악을 연주해야 한다. 신비한 숨결을 불어 넣으며. 제각각 자기만의 음색과 리듬으로 연주하는 그들의 멋진 음악회를 상상하는 것만으로 즐겁다.

김순택 생태 수필가의 〈검은 등 뻐꾸기〉라는 산문에 숲속에서 '하하하하, 호호호호' 하고 웃는 뻐꾸기 소리를 들으며 하루를 시작한다는 문장이 생각난다. 뻐꾸기가 웃기도 하는 새라는 것을 처음 알았다. 새는 울고 노래하고 그들끼리 대화하는 줄로만 생각했었다. 수행 중 세상을 떠난 스님이 환생하였다는 전설 속에서는 '빡빡깎고새'라고 불리기도 한다. 장가 못 간 총각의 마음을 흔들어 놓는다 해서 '홀딱벗고새'라는 별명도 있다.

뻐꾸기 소리는 듣는 이의 마음 풍경 따라 울기도 하고 웃기도 하고 노래를 부르기도 한다. 짝을 찾을 때면 한껏 고운 소리로 노래하고, 외로울 때는 홀로 숨어 울고, 힘겨운 산길을 걷는 나그네에게는 웃음을 선사한다.

지치고 힘들 때 파도 소리, 바람 소리, 빗소리 같은 자연의 소리를 듣고 싶어질 때 숲이나 공원을 걸으며 새소리를 듣는다. 아침에 듣는 새소리는 세상의 소음을 잊게 하고 탁한 마음을 맑게 정화해 준다. 굽은 소리는 펴서 듣고, 모난 소리는 다듬어 듣고, 끝이 날카로워 아픈 소리는 한쪽 귀로 듣고 잊어버려야 할 삶의 지혜를 다시 생각하며 하루를 연다.

뻐꾸기는 다른 새가 만들어 놓은 둥지에 자신의 알을 낳는다. 뻔뻔함의 대명사로 불리지만, 종족을 위한 그들의 생존 방법은 어쩔 수 없는 숙명이자 시간과의 싸움이다. 부리가 갈라지고 날개가 찢어지는 아픔을 겪을지라도 번듯한 둥지 하나 스스로 짓고 싶은 마음 간절할 것이다. 재깍재깍 소리를 내는 뻐꾸기시계만큼이나 그들의 시간은 바삐 흐른다.

자신의 알과 크기와 모양이 비슷한 둥지를 눈이 이프게 찾아야 한다. 주인이 집을 비운 사이 남의 둥지에 날아들어 알을 낳고 순식간에 사라져야 하는 숨가쁜 순간을 겪는다. 멀리서 둥지를 지켜보며 행여 자신의 알이 다른 알보다 늦게 출발하지 않는지 살펴야 하는 가슴을 졸이는 순간도 그들에게는 짧지 않은 시간이다.

둥지의 주변을 맴돌며 기다리던 어미는 알에서 깬 새끼들을 데려와야 한다. 자립할 때가 된 새끼를 때 맞춰 데려오지 못하면 자칫

미아가 될 수도 있기 때문이다. 새끼를 지키는 어미의 시간은 정확한 시계와 같아 실수한 적이 없다.

남쪽으로 떠나야 할 가을이 다가오면 그들의 악보는 음이 낮아지고 속도는 느려진다. 아침의 악보와는 다르게 슬픔이 배어 있다. 평온한 밤을 위해 하루를 보냈을 뻐꾸기가 날개를 접지 못하고 잠못 드는 까닭은 무엇일까. 눈물은 눈에서 흐르지만, 울음은 목구멍에서 치솟는다. 뻐꾸기의 울음을 삼키는 소리에 벌레도 숨을 죽이는 밤, 슬피 우는 뻐꾸기는 울고 싶은 사람들을 대신해서 울어주는 것이 아닐까. 아니면 남의 둥지를 탐한 날들을 성찰하며 신께 눈물로 용서를 구하는 고백성사일지도 모를 일이다.

선

어릴 적 교실 풍경이 생각난다. 내 짝은 책상 가운데에 선을 그었다. 서로 넘지 말자는 약속을 하고 연필 끝도 그 선에 닿지 않으려고 애를 썼다. 넘어오는 것도 내가 넘어가는 것도 용납되지 않았다. 그러다가 누가 먼저랄 것도 없이 지우개로 지우면 선은 사라지고 없었다. '넘어 오지 마.' 하며 그어 놓았던 선의 의미는 '내게로 와' 아니면 '너랑 놀고 싶어'라는 마음이 담긴 말이었다.

세상에 많은 선이 있다. 모양과 굵기도 다르고 쓰임새도 각양각색이다. 굵은 선, 가는 실선, 수직선, 수평선, 기준선, 출발선, 금지선, 물체의 무게를 가늠하는 중심선도 있다. 다양한 선 중에 인간에게만 보이는 선도 있다. 넘지 않아야 할 선, 사람과 사람 사이에 지켜야 할 선, 부모와 자식 사이에 이어진 선.

가까운 사이일수록 지켜야 할 선도 있고 적당한 거리를 두어야 할 선도 있다. 도로에서 꼭 지켜야 할 생명선 노란색 선도 있다. 인간이 마땅히 지켜야 할 도덕적 규범에도 선이 있다.

많고 많은 선 중에 우리에게는 문신처럼 새겨진 선이 그어져 있다. 남과 북 사이에 가로놓인 그 선은 녹슨 철길만큼이나 긴 세월을 견디고 있다. 감히 그 선을 넘어볼 수 없어 한숨짓는 날들이 켜켜이 쌓였다.

이웃집 찾아오듯 김정은 국무위원장이 선을 넘어 우리를 찾아왔었다. 그 선을 넘기까지 오랜 시간이 걸렸다. 가슴이 뭉클하던 그 순간을 잊을 수 없을 것 같다. 그리고 우리의 대통령과 손을 잡았다. 누가 먼저 선을 넘어왔는지 그건 중요하지 않다. 친구와 마주보며 선을 지우고 마주보던 어린 날이 떠올라 코끝이 찡했다. 보고 또 봐도 가슴이 훈훈해지는 장면이었다. 같은 언어와 역사를 지니고 살아온 민족이 비로소 하나가 된 듯 벅찬 순간이었다.

군사 분계선을 넘어온 젊은 지도자의 말은 우리가 같은 민족임을 새삼 돌아보게 했다.

'북과 남은 서로 갈라져 살 수 없는 한 혈육이며, 어느 이웃에도 비길 수 없는 동족이라는 것을 절감한다. 우리는 대결하여 싸워야 할 이 민족이 아니라 단합하여 화목하게 살아야 할 한 핏줄 한민족이다. 하루빨리 온 겨레가 평화롭게 잘 살아갈 길을 열기 위해 새로운 결심을 하고 판문점 분리선을 넘어 여기에 왔다. 불과 200미터를 걸어오면서 그동안 왜 이리 멀어 보였을까? 왜 그리 어려웠을까 생각했다. 잃어버린 11년 세월을 되찾고 싶다.'

마음속에 그어 놓았던 선 하나가 무너지는 듯한 느낌은 나만이 경험한 것은 아니었을 것이다. 한 핏줄을 나눈 동족끼리 갈라져서 살 수 없다고 말하는 그의 마음을 백번 공감할 수 있었다. 은둔의 지도자, 핵무기를 만드는 독재자로만 인식했던 그는 지도자보다는 가난한 동족을 아파하고 갈라선 동포를 생각하는 고독한 젊은이라는 생각을 떨칠 수가 없었다.

우리의 대통령과 도보다리 숲 벤치에서 보낸 30분을 지켜보는 내내 가슴이 두근거렸다. 바람과 새들이 귀한 손님을 반기며 노래하고 있었다. 오랜 세월 정적이 감돌던 그곳에 따뜻한 봄볕이 내려와 머물고 있었다. 오늘이 오기를 기다렸다는 듯이 텃새와 철새들은 잔치를 치르듯 바삐 날았다. 인간이 만들어 놓은 선 그 위를 자유롭게 넘나들며 새들은 자유로웠다. 아무도 없이 단둘만이 가진 대화의 시간을 지켜본 새들은 무슨 말을 엿들었을까?

선의 안쪽과 바깥을 가르는 벽이 무너지는 날이 올 것 같은 희망의 빛을 보았다. 세상에 가장 높은 벽이라 여겼던 곳이다. 그 벽을 허물어 버리기에는 멀리 와 버린 느낌을 지울 수 없지만, 가슴에 새겨진 깊은 골을 지우고 그 지워진 자리에 희망을 새겨 넣을 수 있기를 비는 마음이다. 많은 시간이 필요할지라도 머지않은 날 실현 가능한 일이라는 믿음도 가질 수 있었다.

책상에 금을 그어놓고 짝과 말도 나누지 않던 날을 떠올려 보면 그어놓은 선 때문에 더 멀게 느꼈던 것 같다. 그었던 선이 지워져 버리고 나면 굳어 있던 마음도 서운했던 마음도 한순간에 무너져 버렸다. 베를린 장벽이 무너지듯이, 한순간 무너지는 것이었다.

두 정상의 포옹은 아버지와 아들의 모습으로 다가와 눈시울을 뜨겁게 했다. TV 앞을 떠나지 못하고 때로는 숨죽이며 때로는 박수로 환호하며 눈물을 삼키기도 했었다. 넘지 않아야 할 것처럼 책상에 선을 긋던 짝은 오랜 우정을 나누며 지금도 가까이 지내고 있다. 책상에 금(선)을 긋던 이야기를 나누며 웃기도 한다.

평화와 화해의 길을 열어갈 기적 같던 그날의 첫걸음이 분열과 대립의 어두운 그림자를 걷어낼 수 있기를 비는 마음 간절하다. 2018년 4월 27일의 일은 역사의 한 페이지로 남았다. 지나간 역사에 만약은 없다. 엄연한 순간에 무엇을 지켜보았고 무슨 생각을 했는지 적어보는 것은 혹시 후손들이 우리 마음속에 그어져 있던 선의 의미를 새겨보고 잘못된 역사를 되풀이하지 않기를 비는 마음에서다.

이어진 철길 따라 남북이 마음을 잇고 아시아를 넘어 유럽 끝까지 달려가는 꿈을 꾼다. 흐뭇한 봄밤이다.

음악이 있는 곳에

촛불이 사람들을 하나로 묶어주던 때가 있었다. 광장에 모인 사람들이 새로운 시대를 구가하며 노래를 부르고 촛불을 높이 들었다. 노래는 합성이 되었고 합성은 마음과 마음을 잇는 단단한 끈이 되었다. 낡고 부패한 곳을 도려내고자 했던 모두의 바람이 하늘을 흔들었다. 합성 속에 모두 하나가 된 군중의 힘을 실감하며 전율했던 순간이었다. 민요도 대중가요도 동요조차도 우리의 가슴을 울렸다.

음악이 잃어버린 희망을 되찾게 하던 영화 장면이 생각난다. 전설이 된 영화 〈쇼생크 탈출〉 한 장면에 흐르던 음악이 있었다. 무인도에 갇힌 무기수들에게 거친 명령어만 쏟아내던 스피커에서 모차르트의 음악이 울려 퍼진다. 〈피가로의 결혼 중, 저녁 산들바람이 부드럽게〉, 천상의 소리처럼 울려 퍼지던 순간 감옥 전체가 멈추어 선다. 구원의 메시지처럼 아름다운 선율이 수감자들의 가슴을 적시고, 무기수들은 높은 곳에 달린 스피커를 향해 그림처럼 서 있었다. 미래와 희망을 놓아버린 사람들, 틀에 박힌 규칙과 명령어만 존재하는 곳에서 무기수들이 '난 그 이탈리아 숙녀가 뭐라고 노래했는지 모른다. 너무 아름다워서 그 때문에 가슴이 아팠다. 마치 아름다운 새 한 마리가 우리가 갇힌 곳으로 날아와 그 벽을 무너트리는 것 같았다. 짧은 순간이었지만 한없는 자유를 느꼈다.'고 고백한다. 해방과 자유를 갈망하는 무기수들의 가슴에 희망이라는 작은 불씨를 심어 준 것은 다름아닌 아름다운 음악이었다.

학창 시절에는 음유시인이자 화가이고 가수인 '밥 딜런'을 좋아했었다. 멜로디의 높낮이가 평이해서 시를 읊조리듯 부르던 노랫말은 시보다 더 시적이었다. 그의 노래에 한동안 매료되었던 때를 돌아보면 문학소녀의 감성에 푹 빠져 지내던 시간이었다. 흥얼거리고 건들거리는 노랫말속에 인생의 의미와 세상을 향한 자신만의 메시지가 담겨 있었다. 이름 앞에 붙는 수식어만큼이나 다방면에 재능을 가진 예술가였고 노벨 문학상 작가였다. 자신만의 언어의 창고에서 멜로디와 가사를 끄집어내는 철학자라는 평가를 받기도 했었다. 몸과 영혼을 바쳐 노래하는 딜런은 큰소리로 외치며 저항하지 않아도 음악으로 세상을 변화시킬 수 있음을 몸소 보여준 예술가였다. 그가 보여주고자 했던 것은 세상을 바꾸는 음악의 힘이 아니었을까.

요즘은 노래와 춤을 함께 감상할 수 있는 일곱 젊은이가 어깨를 들썩이게 한다. 우리의 언어로 빌보드 차트 1위를 거머쥔 '방탄 소년단'의 춤과 노래에 세계인들이 주목한다. 조각 같은 외모와 칼 같은 군무로 엄청난 에너지를 쏟아내는 빠른 리듬의 춤과 노래는 언제 들어도 빠져든다. 그들의 매력은 무엇보다 같은 시대를 살아가는 젊은이들이 공감하고 열광하게 하는 메시지라고 생각한다. 자신들이 겪었던 성장기의 아픔도 숨김없이 드러내면서 불안해하지 말고 꿈을 꾸면서 살아야 한다고 위로한다. 그 누구도 하지 않았던 이야기, 누군가 진즉 했어야만 하는 이야기들이 노래 속에 들어있다. 인종차별과 편견에 갇힌 세상의 부조리를 음악에 실어 세상 사람들에게 건넨다. 세계의 무대 한가운데에서 우뚝 서서 음악으로 말하는 젊은이들이 대견스럽고 자랑스럽다.

음악의 여러 장르 중에 어느 시대 어느 곳에서나 사랑받는 것은 대중가요다. 어릴 적 의미도 모른 채 언니 오빠가 부르는 노래를 따라 불렀다. 누구나 쉽게 따라 부를 수 있는 대중가요는 우리가 살아가는 세상 희로애락이 다채로운 빛깔로 스며들어 있다. 구성지고 흥겹고 때로는 처량하고 애처롭다. 사랑과 이별, 기쁨과 슬픔, 희망과 눈물이 흥건하게 마음을 적신다. 인생의 달고 쓴 맛이 담긴 가사와 곡조에 감정을 얹어 보면 나의 슬픔도 괴로움도 그 속에 녹아있다.

유행가 가사속에 인생이 있더라는 말이 있다. 심오한 철학도 껍질을 벗겨보면 한 낱 유행가 가사 한 대목이다. 한 구절 한 고비 꺾어 넘기며 사랑도 하고 이별도 하고 눈물도 짓는다.

발 뻗고 앉아 한을 풀어내듯 부르는 노래 〈칠갑산〉이 생각난다. 홀어머니 두고 시집간 딸이 베적삼이 흠뻑 젖도록 콩밭을 매면서 포기마다 눈물을 심는다. 한마디 한마디 뱉어내듯 부르다 보면 가슴속이 개운하게 씻겨나가는 느낌이다. 수채화 같은 서정으로 마음을 달래주는 대중가요는 치유의 예술이기도 하다.

하루를 돌아보는 늦은 밤, 음악을 듣는다. 영상 속에서 거리의 음악가 마틴 하겐즈가 〈You raise me up〉을 부른다. 하얀 백발과 덥수룩한 수염을 한 그의 노래는 깊은 바다 밑에서 끄집어올린 듯 경건함이 배어있다. 장인이 빚어낸 현악기보다 더 깊은 목소리가 심연으로 가라앉게 한다. 귀에 익숙한 노래를 들으며 새삼 오늘은 누군가를 위해 기도해야만 할 것 같다. 사랑하는 사람들의 얼굴을 하나하나 떠올리며 가슴에 손을 얹는다.

존재 이유

질긴 인연을 어쩌지 못하고 동행하고 있다. 이 녀석의 범죄 사실을 알게 된 지 수백 년이지만 응징하지 못하고 함께 살아가고 있다. 인간의 피를 노리는 녀석을 마땅히 때려잡아야 하는데, 눈치 싸움과 두뇌 싸움도 불사해야 하는 만만치 않은 상대다. 몰래 물어뜯고 필사적으로 도망쳐 숨어버리는 모기, 긁적거리는 인간들을 우습게 보는 존재들이다.

무한 허공을 팔락거려도 별에 닿을 만큼 높이 날지도 못하고 바다를 건널 만큼 멀리 날지도 못한다. 그 주제에 할 일은 다 한다. 밖으로 돌출된 두 개의 눈이 뒤통수에 달려있어서 시야가 360도나 된다. 애초부터 인간이 불리한 조건에서 만난 상대였다. 짧은 시간 해치우는 채혈은 의사나 간호사의 솜씨보다 몇십 배 능수능란하다. 빨대를 꽂는 즉시 흡입한 피는 위장까지 논스톱이다. 자신의 몸무게보다 두 배 이상 피를 빨아먹을 수 있는 대용량 위장을 가졌다. 배가 터지도록 빨아 먹고 천장이든 벽이든 붙어 배를 두드리며 망중한을 즐기기도 한다.

모기 없는 여름은 없다. 더위에 시달린 하루를 접고 설핏 잠이 들려던 찰나 녀석의 콧노래 소리에 두 팔을 필사적으로 허우적거렸다. 뜻밖에 방바닥에 다리를 옆으로 가지런히 모은 모기가 눈에 띈다. 가만히 지켜보고 있으려니 죽은 줄 알았던 녀석이 다리를 꼬무락거린다. 허공을 휘젓는 손길에 목숨을 잃고 만 녀석의 마지막 호흡이었다.

네발 달린 짐승이나 인간의 피를 탐하는 생명체는 그 몸에 생명을 잉태한 암컷들이다. 개체 수를 늘려야 하는 운명인지라 어쩔 수 없는 삶의 몸부림이기도 하다. 먹이사슬 맨 밑바닥에서 오롯이 자연 순환계의 질서를 지켜내면서 그 대가를 받고 있는지도 모른다. 모기 때문에 병에 걸려 사망한 사람들이 많다고 하지만, 인류가 생긴 이래 사람이 사람을 죽인 숫자만큼 많지 않다며 아래턱을 내밀고 거들먹거린다. 지구를 인간들만의 것인 양 파괴하고 오염시키더니 결국 숨쉬기조차 어려워 마스크를 쓰는 인간들을 비웃는다. 생각해 보니 지구상에 그 어느 생명체도 발 딛고 사는 세상을 스스로 오염시키고 파괴하는 것을 본 적이 없는 것 같다.

만물의 영장이라고 거들먹거리는 인간들을 곱지 않은 시선으로 바라보며 한마디 더 보탠다. 적어도 저출산이라는 말이 그들 세상에는 존재하지 않는다고. 개체 수를 줄이는 인간의 반 생태적인 발상을 비웃고 유전자에 가위질하는 무모함에도 코웃음을 친다.

여름이 무르익어 숲이 검푸른 색으로 우거지면 들판 가운데 모여 무도회를 한다. 엄청난 모기떼가 검은 구름 기둥을 만들고 빙글빙글 춤을 춘다. 〈보헤미안 랩소디〉의 떼창보다 더 요란한 합성에 소름이 돋는다. 어두움 속에서 짝을 찾는 구애의 춤은 절정으로 치닫는다. 한껏 날개를 부풀려 추는 춤은 우아한 왈츠보다는 정열적인 남미의 탱고다. 서로를 향한 눈동자가 태양보다 더 뜨겁게 타오르는 춤이 끝나면 풀숲에 내려앉아 한여름 밤의 사랑을 나눈다. 일생의 단 한 번 사랑이다. 무도회는 끝나고 이슬에 젖은 날개는 초췌해져 너덜거린다.

떠나버린 수컷의 흔적을 제 몸속에 키워낸 암컷은 수백 개의 알을 낳는다. 천적들과 무자비한 인간의 소탕 작전에도 끄떡없이 살아남는 놀라운 번식력이다. 세상에 존재하는 모든 생명체는 하찮게 보여도 그 목적에 따라 존재의 목적과 이유가 있다면 서로 상생하며 살아가는 것이 마땅한 이유가 되기도 한다. 설득 당하고 싶지 않은 논리다.

어릴 적 엄마 무릎 베고 누워 별 헤던 밤에도 이 녀석들은 엄마의 부채 바람을 타고 춤을 추었다. 인간은 이겨본 적 없는 상대를 과소평가하면서, 이길 수 없는 전쟁을 계속하고 있다.

엥~. 밤낮을 가리지 않고 은밀한 곳에 숨어 호시탐탐 인간의 피를 노린다. 지키려는 인간 열 명이 물어뜯으려 노리는 모기 한 마리를 당해낼 수 없다. 여름마다 치르는 전쟁은 승자도 패자도 없다. 인간과 모기가 그 전쟁의 역사를 함께 쓰면서 살아야 할 것 같다.

진화하는 동반자

한번도 들어보지 못한 '죽순이' '죽돌이'라는 말이 있다. '스마트 폰'에서 눈을 떼지 못하는 사람들을 비유하는 말이다. 남녀노소 할 것 없이 지하철, 버스정류장, 병원, 공원 벤치, 어디든 목을 빼고 혼자만의 세계에 빠져 있는 모습이 하나같이 일심분란一心不亂의 경지다.

'머리를 쓴다' 라고 표현했던 일들은 깊이 생각하고 사색한다는 의미였다. 지금은 머리를 써야 하는 일을 스마트 폰이 대신 하는 시대다. 손바닥만 한 기계 속에 내가 기억해야 하는 일들을 빠짐없이 담아 놓고 있으니 생각 해야 할 일과 기억해야 할 일이 줄어 들고 대신 손가락이 바빠졌다. 점점 빨라지는 손가락이 나와 세상을 밤낮없이 연결 짓고 내가 원하는 지식과 정보들을 날라 온다. 덕분에 사람들은 정보의 바다에서 길어 온 지식들 덕분에 한층 똑똑해졌다. 잠시

라도 떨어져 있으면 허전하고 눈에 보이지 않으면 불안한 존재다. 무슨일을 하든 어디에 있든 함께해야 한다.

주말 오후에 공원을 산책 하다 예전과 다른 아이들의 모습을 보았다. 청소년 대여섯 명이 잔디에 둥그렇게 모여 앉아 하나같이 스마트 폰을 들여다보고 있었다. 얼굴을 마주하고 대화를 하는 게 아니라 주고 받는 작은 글씨가 조용한 허공을 날아다닌다. 고개를 숙인 채 각자 기도하는 모습 같다. 스마트 폰을 손에서 내려놓고 넓은 잔디를 뛰어다녀야 할 아이들이다.

우리의 아이들이 하늘을 올려다 보는 일을 잊고 사는 것 같다. 아침 하늘을 바라보고 걸으며 하루를 시작하고 답답한 일들은 구름 속에 묻어 버리고 새로운 나날을 맞이하는 설렘으로 달릴 수 있어야 한다. 하늘은 세상에 존재하는 수만 가지 꿈을 품은 사람들을 사색의 광장으로 이끌어 주는 곳이다. 잃어버렸던 꿈을 찾고 다시 가슴을 뛰게 할 것이다.

진화되어 가는 스마트 폰은 더 작아지고 더 납작해지고 더 똑똑해질 것이다. 아이들은 이십사 시간 열려있는 문을 통해 몰라도 되는 바깥세상, 보지 않아야 할 세상을 마음대로 들락거리며 보고 배운다. 어둡고 음침하고 위험한 세상 구석까지도. 스마트 폰을 내려놓고 사색을 해야 한다. 사색의 통로를 거치지 않고 받아들이는 정보는 위험하기 짝이 없다.

스마트 폰 과다 사용으로 뇌가 줄어들고, 인지능력이 떨어진다고 전문가들은 걱정한다. 인류가 진화하는 것인지 퇴화하는 것인지 알 수가 없다. 스마트 폰의 노예가 누리는 편리함보다는 덜어내는 삶을 익히는 중이라 했던 후배는 스마트 폰을 버렸다. '자유로워지고 싶어서'라고 했다. 주위 사람들에게 "세상 혼자 사느냐?"는 말을 듣는 게 불편하지만, 검색이 아닌 사색을 하며 해방과 자유를 동시에 얻었다는 말을 했었다.

과거를 알려면 검색하고, 현재를 알려면 사색하고 미래를 알려면 탐색을 하라고 했다. 수고하지 않고 얻는 짧은 지식으로는 참된 지식인이 되지 못하고 진정한 삶의 지혜로움도 얻을 수 없는 일이다. 인간만이 가능한 사색의 힘은 내면을 단단하게 가꾸어 주고 어떤 상황에서도 흔들리지 않는 강한 힘을 길러 줄 것이다.

편리함과 첨단을 추구하면서 나도 모르는 사이에 잃어가는 것들이 없는지 생각해 볼 일이다. 동반자의 능력에 의존하고 가족들의 전화번호도 외우지 못하는 나를 돌아본다. 오늘 하루 죽순이가 되어 쓸데없이 날려 보낸 시간이 얼마일까 돌아보며 무심코 흘려보낸 시간이 아까운 생각이 든다. 시도 때도 없이 내 시선을 빼앗는 스마트 폰은 과연 내가 믿고 의존해야 할 동반자인가, 무능한 바보로 만드는 폭력자인가. 이미 동반자를 의지하며 따라다니는 내가 걱정해야 할 것은 하늘을 보지 않는 나 자신인가 싶다.

필요한 것과 원하는 것

아침부터 저녁까지 소비하라는 광고에 노출되어 있다. 원하든 원치 않든 일상 곳곳에서, 눈에 보이는 것, 귀에 들려오는 것들이 다 유혹이다.

대형매장이 문을 열었다. 작은 도시에 들어서는 입구 첫 사거리에 거대한 새 건물이 자리를 잡았다. 크리스마스에 때맞춰 문을 연 마트 출입구에는 커다란 트리가 번쩍거린다. 요란한 음악과 함께 산타 모자를 쓴 젊은이들이 진을 치고 서서 손님맞이에 열을 올리고 있다.

지역경제에 치명적인 영향을 미칠 것이라는 사람들의 반대 목소리가 높았었다. 생존권을 지키려는 지역 상인들과 부딪쳐 한동안 주춤거리는 듯했지만, 처음부터 이길 수 없는 싸움이라는 것을 예측했던 것은 나 혼자만의 생각은 아니었을 것이다.

저녁 반찬거리 살 겸 매장 안으로 들어섰다. 휘황한 조명 아래 왕왕거리는 마이크 소리에 정신이 달아날 지경이다. 산더미처럼 쌓여 있는 상품과 사람들 사이를 밀려다니는 일도 쉽지 않은 일이었다.

생각보다 큰 규모의 매장을 돌아보며 거대한 고래 한 마리를 보는 듯했다. 크게 입을 벌려 들이켤 때마다 많은 작은 고기들이 그 뱃속으로 빨려들어간다. 그리고 날숨과 함께 뱉어내는 것은 들이켰던 물뿐이다. 서민들의 땀과 피가 고래의 배를 채우고 있다는 생각에 씁쓸해진다.

화려하게 포장된 상품들은 진열대 위에서 한껏 존재가치를 드러내고, 시식 코너에서는 냄새만으로 군침이 도는 음식들이 즐비하다. 빨간 딱지가 붙은 세일 상품은 사지 않으면 안 될 것만 같다.

꿀단지에 개미떼가 들러붙듯 사람들이 몰려있는 곳에는 한 개 값에 두 개를 묶어 놓고 구매 욕구를 자극한다. 오픈 기념 세일, 반값 세일, 기획 상품 등 소비자를 유혹하는 말도 현란하다. '가격혁명'이라고 크게 써 붙여 놓은 곳에서 나도 모르게 발이 멈추었다. 그 순간 나 자신과 타협을 했다.

'이건 충동구매가 아니야, 언젠가 필요한 물건이잖아.'

먹잇감이 수북하게 쌓인 곳에 모여든 곳에 개미가 되어 고개를 디밀었다. 우리 가족이 소비하기에는 용량이 큰 생활용품과 먹거리들을 바구니 가득 주워 담았다.

사람들의 오감을 자극하고 군중심리까지 이용하는 판매전략 앞에서 대책 없이 무너지고 마는 소비자가 된 순간이었다. 필요한 것만을 구매한다는 것은, 많은 수행을 쌓은 수도자처럼 욕망을 다스릴 줄 아는 사람이라야 가능한 일이었다. 편의시설을 갖추고 죽기 살기로 광고하며 유혹하는 상술을 피해 갈 용기를 가진 사람이 과연 얼마나 될까 싶다.

이 나이가 되어서도 '필요한 것'과 '원하는 것'의 차이를 잘 모르고 살아온 것 같다. 얼핏 쌍둥이같이 들리는 말이지만 다른 말이다. 허기진 사람에게 밥이 필요한 것처럼, 살아가는 데 없어서는 안 되는 필수적인 것들이 필요한 것이라면, 원하는 것은 갖고 싶은 것들, 욕망이라는 말로 표현할 수 있는 것들이라고 생각한다. 원한다고 다 가질 수 없는 일이다.

욕망을 조절할 줄 아는 사람이 현명한 소비자다. 과소비와 충동구매를 스스로 조절하지 못하면 거대한 고래의 상술에 영혼을 빼앗길 수밖에 없는 노릇이다. 가끔은 욕망이 이끄는 대로 원하는 것을 구매하고 갈증이 해소된 듯한 느낌이 들기도 한다.

소비하는 심리에는 슬픔, 불안, 소외감, 과시욕의 정신적인 문제가 자리하고 있다고 한다. 일상에 필요한 것보다는 제자리를 잃은 감정이 소비욕구를 불러일으킨다는 것이다. 혼자라는 느낌과 자존감이 낮을 때, 소비하면서 만족감을 느끼게 되고 허전한 마음이 일시적으로 충족되는 느낌이 들지만, 그것은 시간이 갈수록 심리적으로 더 불안해지는 악순환일 뿐이라 했다. 잠시 지나가는 바람을 잠재워야 한다. 시간이 지나면 짙은 후회가 남아 더 심한 갈증에 시달리게 될지도 모른다.

합리적인 소비를 위해서는 소비를 하기 전에 신중히 고민하는 습관이 필요하다. 필요한 것인지, 원하는 것인지, 광고와 선전에 현혹되지 않고 똑똑하게 전략을 세울 줄 아는 사람이 현명한 소비자다. 그것이 현대를 사는 생존 능력이다. 똑똑한 소비자가 나라 경제도 살리고 내 집 살림도 키워나갈 수 있는 합리적인 소비자인 것이다.

내가 갖고 나간 쪽지에는 저녁 반찬거리 세 가지가 적혀 있었다. 계산을 마치고 나온 내 장바구니에는 필요한 것보다는 원하는 것으로 채워져 있었다. 합리적이고 계획적이기 못해 또다시 과소비하고 만 것이다. 후회가 밀려오는 순간 핑곗거리를 찾는다. 욕망을 조절하지 못한 낭패감도 그 속에 담겨 있다. 충동구매와 과소비 한 만큼의 무게가 가슴을 누른다. 똑똑한 소비자의 지혜는 내겐 아직도 멀기만 하다. 내가 갈등을 느끼며 흔들리는 욕망의 조건이 '필요한 것'인지 '원하는 것'인지 마음으로 무장을 하고 늘 저울질해 볼 일이다.

6부

바람이 불어 오는 곳

김장하던 날

밤새 내린 비에 겨울이 한발 다가섰다. 아들 며느리 딸 사위 손자 손녀가 다 모였다. 김장하는 날이다. 아이들은 배추가 빨갛게 마사지하는 날이라며 즐거워한다. 추워지기 전에 해치워야 할 김장을 준비했지만, 적은 양이라 해도 예나 지금이나 걱정이 되는 건 마찬가지다. 지난날, 배추를 산더미처럼 들여놓고 잔치를 벌이던 어머님이 생각난다.

땅에 묻은 항아리에 빨갛게 물든 김치가 차곡차곡 쌓이기까지 며칠 동안 온 집안은 잔치 분위기였다. 그 엄청나게 많은 김장을 어찌 해내셨는지, 어머님이 지휘봉을 높이 든 장군처럼 위대해 보이던 순간이 생각나곤 한다.

나무가 잎을 떨구고 겨울 채비를 하는 이맘때가 되면 어머님은 김장을 서두르셨다. 담벼락 옆에 죽 묻어 놓은 김칫독을 씻어내는 일이 김장의 서곡이다. 주둥이만 위로 내민 항아리를 닦아내는 일이 그 첫 번째 일이었다. 아예 땅바닥에 엎드려 커다란 항아리 안으로 몸을 절반이나 들이미신다. 뒤에서 어머님의 허리를 힘껏 껴안고 버텨야 했다. 시집오던 첫해에 겪었던 낯설고 신기했던 기억은 김장철만 되면 고개를 내민다.

동짓날을 한 달쯤 앞두고 씻어 둔 큰 독 두 개에는 동치미를 담그셨다. 동지팥죽을 끓여 먹는 날이 동치미 항아리 뚜껑을 여는 날이다. 동치미는 땅속 일정한 온도에 발효되면서 톡 쏘는 맛으로 거듭난다. 그 시원한 맛은 동지팥죽과도 잘 어울렸지만, 추운 겨울밤 삶은 고구마와도 궁합이 잘 맞는 맛이었다. 아침저녁 밥상에 얼음이 동동 떠다니는 동치미 그릇에 숟가락이 부지런히 오가던 때가 생각난다.

밤하늘에 달님도 얼어붙은 겨울밤, 아버님은 시원한 동치미를 찾으셨다. 먼 산에서 울어대던 부엉이 울음소리가 무서워 눈을 질끈 감고 항아리 앞에서 무릎을 꿇고 엎드려야 했다. 머리를 깊이 조아리며 꺼낸 무 한 개는 유일한 먹을거리였고 긴 겨울밤 무료함을 달래주기도 했다.

어머님의 김장 준비는 일 년이 걸렸다. 이른 봄 남녘에서 싣고 온 싱싱한 것으로 멸치젓갈을 담그셨다. 소금과 버무려 자그마한 항아리에 다독다독 담고 한지로 밀봉해 두었다가 김장철이 다가오면 곰삭은 젓갈이 어머님의 손을 몇 번 거쳐야 했다. 저장과 발효, 배합의 기술과 감각, 쌓인 연륜이 어머님만의 맛깔스러운 김치 맛을 가

름할 수 있었다.

일곱 가지가 넘는 김치를 땅에 묻은 항아리에 담고 남은 것은 줄을 세워놓은 작은 항아리에 담았다. 삼시 세끼 빠지지 않고 밥상에 먼저 오르는 배추김치, 석이버섯과 잣을 고급스럽게 얹어 우아한 여인의 모습 같은 백김치, 무청을 상투 틀 듯 둘둘 말아 담근 총각김치, 무를 나박나박 썰어 갓과 버무린 보랏빛 향기 나는 홍갓 김치, 소금에 절이지 않고 젓갈로만 간을 맞춘 알싸한 파김치, 다듬는 일이 고역스럽지만 쌉쌀한 맛과 향이 독특한 고들빼기김치, 무를 손바닥만 한 크기로 숭덩숭덩 썰어 달곰하게 담는 섞박김치만으로도 배부른 겨울을 날 수 있었다.

"엄마는 지휘만 하셔요." 감히 어머님 흉내를 내보며 어깨를 펴는 순간이다.

"여기!"

"간다!"

오랜만에 둘러앉은 가족들 사이로 주어도 없고 목적어도 없는 대화가 떠다닌다. 어머님 뒤를 따라다니며 오랜 시간 흉내 내기를 거듭하며 배우고 익혔건만, 아직도 두서없이 허둥대기만 하는 나를 재발견하는 날이다.

그때는 장작불에 삶은 고기를 통째로 도마에 올려놓은 채 막걸리 술잔이 오가고, 금방 담근 김치와 가래떡이 담장을 넘는 동네잔치였다면, 지금은 병아리 같은 손자들이 쫑알대며 종종거리는 작은 잔치다. 올해도 무사히 김장을 마쳤다는 안도감이 온몸에 배어든다. 바깥세상이 어지러워도, 겨울바람이 아무리 차가워도, 그득하게 담가 놓은 김치가 있으니 걱정 없다.

지구 반대편 독일에 있는 딸에게 김치를 보내곤 하던 때가 생각난다. 회색빛 하늘에 비가 잦은 우울한 나라에서 공부하던 딸에게 김치를 보내곤 했었다. 건너간 지 얼마 지나지 않아 향수병이 불면증과 함께 거대한 해안선처럼 드러나기 시작했을 때 김치는 향수병을 달래주는 특별한 음식이었다.

너무 멀리 있는 딸에게 할 수 있는 일은 향수를 달래주는 김치밖에 없었다. 김치는 비행기를 타고 하늘을 나는 동안 숙성되고 그 맛을 더하며 향수병에 지친 딸을 일으켜 세웠다. 뼛속 깊은 곳에 먹고 자란 김치의 유전인자가 각인되어 있었던 것이라고 생각한다. 낯선 나라에서도 그 영혼은 고향의 밥상에 머물러 있었고 그 한가운데 영혼의 음식 김치가 큼직하게 자리하고 있었다.

내년에는 스스로 김장을 해 보겠단다. 새끼들을 나란히 줄 세워놓고 자맥질하던 청둥오리가 생각난다. 어미가 잡아 온 먹이를 입에 넣어주면서 먹고 자라온 그 맛을 기억하도록 반복하며 가르친다. 딸에게 말했다. 김치는 함께 발 붙이고 살아온 곳에서 나고 자란 것이어야 하는 것, 그리고 정성과 기다림의 시간이 더해져야 한다는 것을. 어머니의 어머니 솜씨를 흉내 내며 익숙한 영혼의 맛을 찾아가는 긴 여정이라고.

그것만이 내 세상

오랜만에 혼자서 영화 한 편을 감상했다. 같은 영화를 보고 나서 누군가는 밝고 희망적인 영화였다고 말하고, 누군가는 가슴이 아파 눈물을 흘렸다고 말한다. 자신이 처한 현실을 영화 속 인물과 동일시하면서 얼마큼 영화에 공감했는지 그 차이일 것이다.

영화는 책과 달리 우리의 인생과 붙어 있는 것 같다. 다른 사람의 삶을 몰래 훔쳐보는 듯한 느낌이 든다. 눈으로 보는 것보다 선명하게 렌즈에 담겨있는 현실을 공감하면서 감동하고 즐거워한다. 영화를 본다는 것은 다른 세계로 이동하면서 평소 생각지 못한 것을 깨닫고 타인의 삶을 이해하는 경험을 하는 것이었다.

세상에 상처 없는 사람이 없다고 하지만, 〈그것만이 내 세상〉 영화 속 사람들은 다 아프다. 흔한 주제가 진부하게 느껴질 수도 있지만, 상처투성이의 가족이 흩어졌다 다시 만나 서로에게 다가가는 동안 관객들은 울고 웃는다. 함부로 마음 놓고 웃을 수 없는 이유는 웃음 속에 가슴을 건드리는 슬픔이 들어있기 때문이다. 가슴에 구멍이 숭숭 뚫린 가족들의 이야기 속에 숨겨진 따뜻한 인간애가 가슴을 먹먹하게 하면서 가족의 의미를 새삼 생각게 했다.

가정폭력에 시달리던 엄마(윤여정)와 삶의 벼랑 끝에서 버렸던 아들과 홀로 낙엽처럼 굴러다니던 아들 조하(이병헌)가 17년 만에 재회한다. 엄마는 죄인이 된 심정으로 아들을 대하고, 버림받고 홀로 낙엽처럼 굴러다니며 살아온 날들이 억울한 아들은 엄마를 용서하지 못하고 죄인을 보듯 한다. 둘 사이에 시간이 흐르면서 서로의 상처를 아프게 바라보게 되고 애증의 감정은 서로 사랑할 수밖에 없는 존재로 다가간다.

조하에게 아버지가 다른 느닷없는 동생 진태(박정민)가 나타난다. 일상생활을 하는 데는 부족하지만, 악보도 볼 줄 모르는 진태가 피아노곡을 통째로 외워서 연주를 하는 천재적인 음악성을 지녔다.

'서번트 증후군'이라고 하는 장애인 중에 특이하게 우뇌가 비범하게 발달해 음악, 미술, 수학 분야에 천재성이 발현되는 경우라고 한다. 위대한 과학자와 음악가들 중에도 진태와 같은 천재성을 가졌던 사람이 많다고 한다.

특별한 재능은 그것을 감당할 만한 사람에게 주는 신의 선물이라 했다. 우여곡절 끝에 큰 무대에서 베토벤, 브람스, 차이콥스키의 곡을 완벽하게 연주한다. 시인이 자신만의 언어로 세상을 향해 토해내듯 한 그의 연주는 환호성과 기립박수를 받는다. 음악에 도취해 그것만이 내 세상이라 말하는 듯 한 진태의 연주에 빠져들었다. 자기만의 세상에서 충만한 사람은 진태처럼 한없이 행복하기만 할 것 같다. 세상사는 외로움이나 어려움을 모른 채.

행복은 내가 꼭 가져야만 하는 것으로 생각하기 때문에 절망하고 슬퍼하게 되는 감정이 아닐까. 물질적인 것에 기준을 둔 현실은 행복하다고 말하기 어렵다. 긍정적인 마음에 소리 없이 깃들고 긍정적인 생각으로 자신을 가꾸려는 마음에 스며드는 감정이다. 자신이 하는 일에 만족하며 사는 사람이 세상에 몇이나 될까. 나만이 할 수 있는 단 하나, 그것만이 세상 전부인 듯 충만하고 행복한 순간을 온몸으로 느낄 수 있는 진태는 진정 행복한 사람이었다.

엄마가 떠나고 없는 자리에 조하가 동생의 손을 잡고 걷는다. 살아온 곳도, 할 수 있는 것도, 좋아하는 것도, 전혀 다른 결핍 투성이 형제가 나누는 사랑이 더 끈끈하게 이어질 것이다. 서툰 사랑이 자라고 상처가 아무는 시간이 지나고 나면 형제가 나누는 사랑이 피어날 것이다. 세상의 파도가 얼마나 험하게 출렁일지 괜한 걱정이 남는다.

영화를 보고 글을 쓰는 것은 독후감을 쓰는 것과 같다. 더 어렵지만 즐겁다. 영화를 읽기라고 말하며 혼자 영화 보기를 즐겨하는 어느 작가는 연필과 메모장을 들고 멋진 대사를 줍는 재미로 영화를 본다고 했다. 타인을 알고 나를 알게 되는 과정을 경험하며 보는 영화마다 감상문을 써 놓는다고 한다. 골치 아픈 인생 문제가 영화에서 해결되는 때를 경험하면서 그만큼 자신의 삶이 풍요로워지는 것이라 했다.

인생이 영화 같고 또 소설 같다는 말은 현실을 믿을 수 없다는 말이라 생각한다.

자신이 경험한 것만큼 느낄 수 있는 것이 한계라고 하지만, 영화를 볼 때마다 여러 사람의 여러 인생을 사는 느낌이다. 영화 속에 주인공들의 흩어져 있었던 삶이 우연처럼 필연처럼 다시 만나 서로 상처를 어루만지는 가족의 의미를 전하고자 하는 작가의 메시지를 읽을 수 있었다. 소설 한 권을 읽고 길게 남는 여운 때문에 다시 뒤로 넘겨보듯이 잔영처럼 남아있는 장면들을 다시 떠올려 본다.

내 안의 이방인

주일 미사 때마다 아래층 중간에 필리핀 여인 다섯이 앉아 있는 것이 눈에 띄곤 했었다. 합동결혼식을 치른 그들은 비슷한 또래의 아이를 각자 등에 업고 앉아 있었다. 등에 업힌 아기들은 엄숙하고 조용한 미사 시간을 자주 흔들었다. 젊은 엄마들이 어쩔 줄 몰라 하던 모습이 잊히지 않는다. 그럴 때마다 신부님께서는 당신 탓인 듯 더 당황하시곤 했었다.

우리가 무관심으로 대하는 사람 중에 소외감을 느끼는 사람이 있다면 폭력을 가하는 것과 다르지 않다고 말씀하시던 신부님께서는 사회문제가 되는 이유 없는 폭력이나 분노는 소외감과 외로운 감정에서 출발한다는 말씀을 자주 하셨다. 불편한 언어와 식생활 차이로 고통을 받는 그들을 도와주라는 신부님의 마음은 읽을 수 있었지만, 마음 같지 않게 그들을 가까이 하는 일이 쉽지 않았다.

단일민족이라는 자부심으로 살아온 우리에게는 남다른 유전인자가 흐르고 있는 듯 하다. 나와 다른 사람, 낯선 이방인을 쉽게 받아들이지 못한다. 문을 걸어 잠갔던 역사 속에서 기인한 오래된 습관이 우리 몸에 깊이 배어 있는 것일까. 다양한 삶을 인정하고 받아들이는 일에 서툴기만 하다.

전에 살던 집 큰길 건너 골목에도 베트남에서 온 여인이 있었다. 가는 몸매에 비해 눈이 유난히 컸다. 결혼 후 얼마 되지 않아 남편을 사고로 떠나보낸 후 딸 하나 키우며 어렵게 살았다. 그녀는 동네 아주머니들 머리 파마를 하고 매만져 주는 일을 하면서 일인 미용실을 운영한 셈이다. 얼마 전에 만났을 때 중학생이 된 딸이 학교를 포기했다며 긴 한숨을 내쉬는 것이었다.

"넌 우리랑 다른 것 같아." 하며 웃곤 하던 아이들의 말이 점점 마음의 상처를 키운 것이다. 또래의 아이들이 단단하게 여물지 못한 친구를 차별하고 있었고 그것을 소외의 감정으로 느꼈던 딸은 학교를 거부한 것이다.

가장 안전하다고 믿었던 학교에서 희망을 길어 올리고 싶었던 엄마는 누군가에게 이유 없이 얻어맞고 사는 느낌이라 했다. "너도 한국인이야." 하면서 위로를 하면 "엄마는 아무것도 몰라." 하며 울먹이던 딸의 작은 가슴에 커다란 상처가 남아버린 것이다. 밤에도 하얀 크림을 덕지덕지 바르는 딸에게 차라리 미용 기술을 가르쳐 볼까 생각도 해 보았지만, 사실은 가방 메고 학교에 가기만을 간절히 고대하고 있었다.

소외감은 많은 사람들 속에서 혼자라고 느끼는 외로운 감정이다. 그 무리 중에 하나라는 소속감으로 자신을 인정하게 되고 존재감을 확인하기도 한다. 내 말을 들어 주는 친구 한 사람만 있어도 우울해하거나 분노에 떨진 않았을 것이다. 차별받는 마음속에 숨은 분노의 감정을 들여다보면서 그 익숙한 단어가 인간관계를 얼마나 메마르고 피폐하게 하는지 생각하게 된다. 사회문제가 되는 이유 없는 폭력도 소외감과 외로운 감정에서 출발한다는 신부님의 사려 깊은 말씀을 떠올려 본다.

들고양이에게 먹이를 나르는 사람의 글이 생각난다. 날마다 먹을 것을 짊어지고 고양이가 모여 사는 도시의 구석진 곳을 찾는 사람이다. 길에서 만나면 길고양이라 부르고 들에서 만나면 들고양이라 부른다. 혼자 떠돌다 먹이를 훔치면 도둑고양이다. 고양이들은 그가 나타날 시간이 되면 소리 없이 사방에서 모여든다고 한다. 고양이들을 매일 돌아보며 알게 된 것은 영역 다툼이 심한 동물이라 여겼었는데 의외로 가져다주는 먹이를 나누어 먹는 것을 알게 되었다고 한다. 입은 옷도 다르고 눈 색깔도 다른 고양이 중에는 새끼를 밴 녀석도 있고, 등이 벌겋게 벗겨진 녀석도 있었단다.

난민처럼 모여든 고양이들은 서로를 밀어내지 않고 얻은 것을 나누어 먹는다고 한다. 웅크리고 앉아 나와 다른 빛깔의 눈을 가진 이방인을 신비롭게 응시하는 고양이는 나와 다르지만, 다름을 인정하고 다가갈 수 있는 기회를 기다리는 마음일 것이다.

낯선 나라에서 낯선 존재로 살아가는 사람을 이방인이라 할 수는 없는 일이다. 매일 만나는 사람들 속에서도 혼자인 듯 외롭고 문득 다른 사람처럼 느껴질 때, 내가 소속된 공간에서 남 모르는 외로움을 느낄 때 모두가 이방인들이다.

서로 다름을 인정하고 다가갈 수 있다면 어떤 모습의 사람이든 어떤 색깔의 피부이든 받아들일 수 있을 것 같다. 무관심과 냉정함보다는 비 오는 날 우산을 함께 쓰는 마음으로 함께 걸으며 가까워 질 수 있지 않을까. 우리 땅을 찾아온 그들의 손에 한 줌 따뜻한 마음을 얹어 주는 마음이 필요하다.

보이지 않는 것이 세상을 움직인다

어릴 땐 귀신이 무서웠고 어른이 되어서는 사람이 무서웠다. 나이가 들어서는 내 마음의 변덕스러움과 가물거리는 기억 때문에 내가 두려웠는데, 이제는 눈에 보이지 않는 것이 어느 쪽에서 공격해 올지 몰라 두렵다. 겉으론 미생물인 척하지만, 실제로는 핵폭탄보다 더한 위력으로 인류를 공포의 도가니 속으로 몰아넣은 존재다.

인류가 태어나기 전부터 이미 존재하고 있었다고 한다. 그들은 인류의 탄생과 삶에 대해 알지도 못했고 관심도 없었다. 자연의 변화와 자신의 삶에 충실하게 적응하면서 진화했을 뿐이다. 언제부터인가 바이러스는 삶의 터전을 빼앗기고 갈 곳을 잃어버렸고, 살아남기 위해서 박쥐도 만나고 우연히 인간도 만났을 것이다. 스스로 이름도 바꾸고 쉽게 자신을 바꾸는 돌연변이 바이러스의 공포는 끝날 기미가 보이지 않는다.

친척들과 단풍 구경을 다녀왔다는 지인에게서 전화가 왔다. 온몸이 쑤시고 열이 난다며 코로나19가 아닌지 걱정하다가 검사를 받았다고 했다. 아플 때 홀로 참고 견디다가 누군가를 만나면 서럽게 눈물을 흘리는 것이 나약한 인간이다. 자신의 고통을 나눌 수 있는 단 한 사람이 간절할 때다. 살아오는 동안 무엇을 잘못했는지 왜 하필 나일까 원망하다가 울먹였다. 전염병의 공포 속에서 무엇보다 사랑하는 가족들의 안전이 가장 두렵다고 했다. 속절없이 속옷 서랍을 정리하며 마음을 다스리며 견디는 중이라고 했다.

눈에 보이는 것보다 보이지 않는 것들이 소리도 형태도 없이 나를 공격한다는 두려움에 밤을 새웠을 것이다. 다음날 걸려 온 전화 목소리에 생기가 들어 있었다. 바이러스와 자신은 상관이 없다는 반가운 소식이었다. 음성이라는 연락을 받는 순간 지옥에서 탈출한 듯한 느낌이었다고 했다. 코로나 시대를 겪으면서 희로애락과 삶과 죽음의 경계선이 두려움과 안도감의 사이를 들락거리는 것 같다.

먼지보다 작은 것이 남녀노소 인종을 가리지 않고 공격하는 중이다. 호랑이를 피할 순 있어도 눈앞에 날아다니는 파리를 피할 순 없다고 했지만, 인간이 생명에 위협을 느끼며 두려움에 떨게 만드는 것은 호랑이나 사자가 아니었다. 눈에 보이지 않아서 더 두려운 바이러스다. 평온하던 일상을 멈추어 세운 '팬데믹'이라는 들어본 적도 없는 낯선 단어에 익숙해지는데, 그 끝이 보이지 않는다. 가본 적 없는 길을 숨소리조차 죽이며 견디는 시간이 하루가 일 년 같다.

적을 물리칠 대책과 무기가 없어 싸움은 일방적이다. 국경을 자유롭게 넘나들며 들불처럼 번져나가는 적에게는, 촘촘하게 이어놓은 하늘길이 그들 앞에 펼쳐진 고속도로와 다름이 없었다. 사람이 가는 곳이면 어디든 앞서가 영역을 넓히며 점점 더 강해진다. 어느 구름에 비가 들었는지 올려다볼 수도 없어 집안에 틀어박혀 뉴스로만 세상 밖을 살핀다.

전염병은 함께 사는 세상에 내가 안전하지 않으면 주위에 있는 모두가 안전하지 않다는 것을 깨우쳐 주었다. 내가 타인을 배려하고 타인이 나를 배려해야 하는 관계 안에서 서로에게 환경인 사람들이다. 만나지 않아야 서로에게 안전한 세상, 손바닥만 한 마스크 한 장이 가려주는 세상의 넓이를 실감한다. 서먹서먹한 사람들 사이에 점점 두꺼운 벽이 생겨나는 것 같아 안타깝다.

전염병 시대를 예측했던 과학자들은 말한다. 지구가 아프다는 신호를 진즉 보내왔다고 했다. 열이 나고 심하게 앓고 있었던 것을 사람들이 외면했기 때문이라고 한다. 과잉 소비와 불편함을 내려놓지 못하고 이익과 편리함만을 추구했기 때문이라고도 한다. 나을 수 없는 병으로 신열이 나고 그 몸이 펄펄 끓는 병이 든 지구와 인간이 함께 앓는다. 삶의 방식을 바꾸지 않으면 치료할 수 있는 어떤 방법도 없을 것 같다. 카뮈의 소설 《페스트》의 오랑시의 바닷가 언덕처럼 세상이 회색빛이다. '이 또한 지나가리니' 솔로몬의 한마디를 붙잡고 예전의 행복했던 일상을 되찾을 수 있기를 기도한다.

이전의 일상이 점과 선으로 이어진 생활이었다면 선은 지워지고 점의 방식으로 살아야 하는 시대다. 선으로 이어져 있던 사람들과 차 한 잔 나누지도 못하는 시간이 덧없이 흘러간다. 구약시대 아브라함에게는 고대도시 우르가 멸망하던 때 사막 너머 젖과 꿀이 흐르는 약속의 땅이 있었다. 이 시대 우리는 세상 어디를 둘러봐도 재앙을 피해 도망갈 곳이 없다.

우리는 오염된 환경에 대한 두려움을 피부로 느끼지 못한다. 우리가 더럽힌 지구가 위기에 처해있다는 각성을 하지도 못한다. 대체 왜 이렇게 무딜까 생각해 본다. 우리의 뇌는 천천히 멸망해 가는 것을 느끼지 못하고 미래를 보기보다는 현재 보이는 것만을 생각하도록 잘못 진화한 것 같다. 살아있는 동안 지구의 자원을 다 쓰고 죽을 것처럼 소비하다가 위기가 닥치면 나 말고 누군가 해결해 주리라 편하게 생각하고 머리에서 지워 버린다.

버티기와 견디기는 엄연한 차이가 있다. 버티기의 대상은 '어려움'이고, 견디기의 대상은 '시련과 고통'이다. 지금은 버티기와 견디기 둘 다 겪어야 할 고통의 시간이다. 과연 견디고 버티면 옛 모습을 되찾고 모두가 행복해질 수 있는 것일까. 뿌연 하늘에는 자욱한 안개뿐이다.

늦기 전에

〈지구에서 온 편지〉

제대로 전달될지, 답장을 받지 못할 줄 알면서 편지를 보냅니다. 내가 편지를 보내는 마음은 당신들이 달을 보며 소원을 빌 듯 간절한 소망을 담아 쓴 마음의 편지입니다. 나는 과거에도 현재도 태양의 주위를 도는 별 중의 하나입니다. 태초에 수많은 지각변동과 몸살을 겪어내면서 내 몸은 단단해졌고, 그 긴 시간위에 수많은 생명을 품었습니다. 자칭 지혜로운 존재라 일컫는 인간을 포함해서 함께 살아가는 모든 생명체가 살아가기에 최적화된 조건을 만들기 위해 노력했습니다. 그곳에서 생명체들은 끊임없이 진화했고 내가 꾸며놓은 낙원에서 평화롭게 살 수 있었습니다. 나는 모든 생명체들에게 아낌없이 내주었습니다. 나는 은하수의 그 어느 별보다 아름다웠고, 창백하게 빛나는 별이라는 별칭도 얻었습니다. 나의 가슴 깊은 곳은 예나 지금이나 뜨겁게 불타오르고 있습니다.

나는 생명이 있는 것들과 사라진 것들의 흔적까지도 내 가슴에 모두 품었습니다. 부족하지도 않고 넘치지도 않는 맑은 공기와 무궁한 자원을 아낌없이 내어주고도 더 많은 것을 주고 싶었습니다. 모든 생명체가 스스로 뿌리를 내리고 살아갈 수 있도록 계절 따라 바람과 비와 따뜻한 햇볕도 주었습니다. 산과 바다와 하늘과 골짜기 가릴 것 없이 공평하게 보살폈고 세상은 맑고 푸르고 아름다웠습니다. 온갖 새들은 노래 부르고 화려한 날개로 치장한 나비들은 춤을 추었지요. 맑게 흐르는 강물은 바다를 향해 흘렀고 푸른 하늘을 담은 바다는 영원을 꿈꾸었습니다.

내 나이 어느덧 46억 살이 되었습니다. 신은 땅과 하늘을 가르시고 낮과 밤으로 하루를 만드셨습니다. 자연의 순리에 따라 수많은 생명이 내 안에 스며들어 자연과 하나 되어 살아가는 낙원이었습니다. 언제부터였을까요. 사람들은 약속이나 한 듯 내 안에 존재하는 것들을 부수고 파괴하고 소멸시키면서 감당할 수 없는 고통을 주기 시작했습니다.

인간의 욕망이 자랄수록 내 몸은 파괴되고 상처가 나고 병들어 앓고 있습니다. 욕망의 끝은 파괴였습니다. 너무 많은 것들을 부수고 파괴하던 인간은 절제할 수 없는 욕망을 쫓는 눈먼 괴물이 되어 버렸습니다.

사람들은 내 몸을 파헤치고 파괴하면서 살기 위해서라고 했습니다. 하지만 그것은 인간 스스로를 죽이는 일이었습니다. 파괴된 환경 속에서 다른 생명체들이 죽어 가는데 인간만이 유아독존 살아남을 수는 없는 일입니다. 그 어느 것도 영원한 것은 없다고 사람들은 말하지만 나는 예외일 수도 있습니다. 백 년도 못사는 인간, 자연의 한 조각일 뿐인데, 자신들의 서식지를 파괴하고 불룩해진 배를 내밀고 함께 살아야 할 다른 동물조차 잡아먹는 인간들의 역사는 어떤 댓가를 치를지 생각할수록 끔찍합니다.

인간이 나를 학대하며 아프게 하던 순간이 얼마나 많았던지 다 말하기도 힘이 듭니다. 열대림을 훼손하고, 산과 구릉을 밀어버리고 흘러가는 강물의 길도 바꿔버렸습니다. 벌목으로 가뭄과 폭염으로 끓고 있는 아마존은 내가 숨쉴 수 있는 유일한 곳이었습니다. 그곳이 나를 숨 쉬게 하는 허파라는 것을 모르는 사람은 없을 것입니다. 그 때문에 나와 인간은 가쁜 숨을 내쉬고 있습니다. 생존의 터전을 잃고 울부짖는 다른 생명체의 울음소리를 외면한 채 말입니다.

파괴는 또 다른 재앙을 몰고 왔습니다. 내 몸 여기저기 피부가 갈라지기 시작하면서 사막이 생겨났고 폭풍과 폭우와 산사태로 내 몸은 자주 무너져 내리고 물에 잠긴 땅은 흔적도 없이 사라질지도 모릅니다. 열병환자처럼 혹독한 더위에 시달려야 하는 세상에 사람들은 이제 마스크로 입을 가려야 살 수 있는 세상이 되었습니다. 숨쉬는 것조차 힘들어하는 인간을 차마 바라볼 수가 없습니다.

내가 살기 위해서가 아니라 당신들이 아프지 않고 살아야 하기에, 당신들이 죽지 않아야 하기에 내가 아프다는 걸 다시 이야기합니다. 내가 병이 들어 아프다는 말 귀 기울여 들어야 합니다. 내 몸이 얼마나 견디어 낼지 나 자신도 알지 못합니다. 지난여름 그 분노의 불길 속을 헤치며 힘겹게 견뎌냈지만, 죽을 만큼 덥다는 아우성 속에 나의 신음 소리는 묻혀버렸습니다. 외면당하고 말았습니다.

나는 얼마나 더 아파야 할까요? 그리고 나을 수 있을까요?

내 몸의 체온을 지켜주던 북극과 남극의 얼음은 내 눈물과 함께 녹아내리기 시작한지 오래입니다. 중병을 앓고 있는 나는 더 나빠질 수밖에 없고 회복이 불가능한 한계점에 이르게 될 것입니다. 인류를 나무라듯 찾아온 코로나 바이러스는 쉽게 멈춰 서지 않을 것입니다. 끝날 것 같지 않은 전염병 앞에 참혹한 인류를 바라봅니다.

지금껏 누려온 것들이 얼마나 소중한 것들인지, 당신들이 발붙여 살고 있는 지구, 내 몸을 어떻게 다듬고 어루만져야 건강한 몸이 되어 다시 살려낼 수 있을지 고민해 주십시오. 지나간 날처럼 꿈꾸는 작은 일상을 되찾고 싶거든, 그 바람이 헛된 꿈이 되지 않게 하려면 지금 시작해야 합니다. 현재 11시 55분이라는 환경시계는 가속도가 붙으면 생각보다 더 빨리 앞서 가 버릴 것입니다.

파괴되고 무너져 내린 몸이 회복할 수 있을지, 어디서부터 손을 대야 할지 가슴이 미어집니다. 더 늦기 전에 나와 관계를 다시 설정하고 시작해야 할 때입니다. 나를 살리는 것도 인간 스스로를 살리는 것도 당신들의 몫입니다. 달나라 여행을 꿈꾸는 당신들에게서 나는 무한한 가능성을 봅니다. 밤을 새워도 내 편지는 끝나지 않을 것 같습니다. 시간이 얼마 남지 않았습니다. 변화된 인간들의 삶, 그것만이 내게 보내는 답장이라 여기겠습니다.

오늘은 너에게 내일은 나에게

오랜만에 친구들이 부부동반으로 만나는 날이었다. 스마트 폰에 들어있는 사진을 보여주는 친구가 있었다. 기자 출신 친구가 찍어 준 영정사진이라고 했다. 늦지도 않고 이르지도 않은 영정사진 찍기 좋은 나이라는 친구의 말이 머리 속에 깊숙하게 꽂히던 순간이었다. 친구의 말에 의하면 영정사진을 찍을 때 나름 매뉴얼이 있다는 것이었다. 정면을 약간 벗어난 얼굴 각도에 턱을 살짝 내려야 한다. 입 꼬리는 살짝 올리고 부드러운 눈빛으로 정면을 지긋이 바라봐야 한다. 넥타이를 매는 것보다 셔츠 위에 재킷만 입는 것이 더 자연스럽단다. 반백인 친구 남편의 사진은 실제보다 훨씬 자연스러워 보였다.

친구들이 표정을 흉내 내보며 재미있어 했지만 내게는 '영정사진 찍기 좋은 나이'라는 생각해 본적 없는 말은 큰 충격이었다. 세상 떠난 후에 남겨 놓아야 할 내 모습은 어떤 것일까. 그가 먼저 떠나고 혼자 남은 순간을 떠올려 본 적은 있었지만 까마득한 훗날의 일이라 여겼다. 그리고 나 혼자 남아 외로워하는 날이 없기를, 또한 내가 먼저 떠난 뒤 슬퍼하는 일이 없기를 바라는 마음 깊이 감추고 산다.

문득, 나와 남편에게 남아있는 날이 얼마나 될까, 우리에게 푸르렀던 날이 있었던가, 어디까지가 젊음이었을까. 세상엔 왜 서쪽이 존재하는지, 사람들은 왜 서쪽이 아름답다고 하는지, 아름다운데 왜 두려워하는지, 대답할 수 없는 질문을 나 자신에게 묻고 또 물었다. 세상을 떠나면 '돌아가셨다'라고 말한다. 이 세상 마치고 왔던 곳으로 다시 돌아간다는 말이 아닐까. 그 곳이 어디인지 훗날 모두 만나는 곳이 있기는 할까?

자주 만나고 지내는 의사 한 분이 뜻밖에도 죽음을 걱정하던 말이 생각난다. 사회적인 명망과 부를 이루고 부러울 게 없을 것 같은 분이다.

"나이 들어 보니 죽을 일이 걱정이네. 고생하지 않고 품위 있게 죽어야 할 텐데."

어떤 모습으로 품위 있게 죽을 것인가를 고민하고 있었다. 피해 갈 수 없는 죽음을 바라보는 인간적인 모습이었다. 남보다 더 많은 것을 갖고 부를 누리던 그분의 고민을 들으며 죽음처럼 공평한 게 없다는 생각을 했었다.

그분에게 처음으로 '연명치료 사전 거부 의향서'에 대해 들었던 것을 그동안 까맣게 잊고 있었다. 나와는 상관없는 일이라는 생각이었다. 얼마 전 동생 부부를 만났을 때, 손에 쥐여주듯 자세한 설명과 함께 신청서를 봉투에 담아 주는 것이었다. 동생 부부는 진즉 안구와 그 외 쓸 수 있는 장기도 기증하겠다는 뜻을 적어 의료기관에 제출했노라는 말도 했었다. 받아 온 그 신청서를 몇 날 며칠 책상 위에 올려놓고 마음만 다지다가 서랍 속에 넣어 두었다. 생각도 마음도 갈대처럼 흔들리면서 아직도 서랍 속에서 깊은 잠을 자는 중이다.

어떻게 죽을 것인가는 어떻게 살 것인가에 대한 질문이기도 하다. 하이데거의 '인간은 죽음을 향해 걸어가는 존재'라는 말처럼, 살아있음도 정해놓은 목적지를 향해 가는 긴 여정이라면 그 순간을 어떻게 만날 것인가를 생각해본다. 치료 효과 없는 마지막 시간을 연명을 위한 고통 속에서 이어가고 싶지 않다. 인간이 생명체로서 의미와 가치를 잃어버린 때 잘 이별할 수 있는 방법은 없는 것일까.

가보지 않은 길은 항상 두렵다. 준비하지 못해 속수무책으로 당하는 참혹한 시간들을 가족들이 견디는 일은 상상만 해도 끔찍하다. 처음 가보는 길을 걷는 마음으로 서랍을 열어야 할 것 같다. 떠나야 할 때 사랑하는 가족들과 편안한 이별을 위해. 그것만이 세상을 떠나는 순간 나를 위하고 남은 사람들을 위해 준비해야 할 일이라 생각한다.

생의 마지막 날을 생각하면 하루하루 감사하는 마음으로 살아야 할 간절한 마음이 든다. 늦기 전에 가족이라는 울타리 안에서 상처를 주었던 일은 없었는지 돌아보고 용서를 구해야 할 일이다. 나와 관계를 맺고 살아온 사람들에게 생각과 말과 행동으로 크고 작은 상처를 주었던 일도 있었을 것이다. 좋았던 날만을 기억하면서 헤어질 수 있었으면 좋겠다. 그런 이별이라면 죽음이 소멸이 아니라 남은 자들에게 또 다른 추억으로 남을 수도 있으리라.

죽음을 응시하며 살아간다는 것은 오늘이 마지막인 듯 진지하게 살아가라는 의미이기도 하다. 어느 성직자의 비문에 새겨져 있다는 말이 있다. '오늘은 너에게 내일은 나에게'. 죽음이 모든 존재를 공평하게 하리라는 엄중한 경고다. 건강할 때는 '내 인생은 내 거야.' 하면서 큰소리치지만, 막상 죽음 앞에 서면 간절하게 신을 찾는 나약한 인간들이다. 내가 별이 되는 그날 그 순간을 위해 준비해야 할 것은, 온 마음 다해 내 소중한 사람들을 사랑하는 일 뿐인것 같다. 서랍 속에 넣어 둔 연명치료 사전 거부 의향서를 쓰는 일 또한 나를 떠나보내고 남은 사람들을 위한 사랑이라 여긴다.

눈을 감고 쓴 다이어리

성은 씨, 눈은 대상을 비출 뿐, 보는 것은 마음이라는 말이 생각납니다. 마음이 간절할 때 보이지 않던 게 보이고 사물의 원리도 눈을 감고 사색할 때 더 잘 들여다보이던 순간들을 떠올려 봅니다. 책을 출간했다는 말을 듣고 드디어 해냈구나 싶었어요. 진즉부터 성은 씨의 차분한 수필들이 언젠가 책으로 만들어 질 것이라는 기대를 하고 있었지요. 보내주신 귀한 책 《점자로 쓴 다이어리》 너무 반가웠어요. 책 표지에 새겨진 점자를 만져보며 눈물이 날 뻔했습니다.

우리가 처음 만난 '신아문예대학' 2층 야간반 교실이 생각나네요. 성은 씨를 처음 본 느낌은 솔직히 놀라움과 경이로움이었어요. 흰 지팡이와 가방을 들고 머리를 뒤로 단정하게 묶은 모습이었지요. 누군가 손을 이끌어 의자에 앉을 수 있게 도왔어요. 낯설고 긴장했을 텐데 차분하게 지팡이를 접고 가방에서 점자로 된 작은 컴퓨터를 꺼내 책상 위에 올려놓았었지요. 야간에 익산에서 왔다는 자기소개는 충격이었습니다. 눈을 감고 글쓰기 공부에 도전하는 용기가 놀라웠거든요.

그날도 예외 없이 문우들이 쓴 글을 나누어 읽고 합평을 주고받는 순서가 있었어요. 성은 씨는 집중해서 들은 다음 예리한 평가를 했지요. 솔직히 한 줄 건너 뒷자리에 앉아서 성은 씨를 훔쳐보느라 그날은 수업에 집중할 수가 없었어요. 점자로 된 자판이 자그마한 컴퓨터 '한소네'의 존재도 놀랍기만 했습니다. 한소네를 두드리며 글을 쓰고 보지 않고도 보는 것보다 더 많은 것을 사유하며 세상을 볼 수 있을 것 같았어요.

책 속에 빛을 도둑맞은 시각장애인이 겪은 에피소드가 아프게 녹아 있었어요. 가볍게 지나치는 문장 위에서도 편견과 외로움을 혼자 삭이려는 처연한 마음이 전해 오는 듯 했어요. 헛된 바람을 껴안고 사는 일이 얼마나 힘 빠지는 일인지 알기에 오로지 책을 읽고 쓰면서 위로를 받는다는 그 마음 백번 이해할 수 있습니다. 램프의 요정에게 빛을 원하기보다는 차라리 티라미슈 한 조각을 소원한다는 문장은 쉽게 잊히지 않을 듯 합니다.

성은 씨는 긍정적인 마음으로 삶을 받아들이고 어려움에 굴하지 않고 공부하여 시각장애인들을 가르치는 훌륭한 선생님이 되셨습니다. 학교에 출근하여 후학들을 가르치는 성은 씨의 남다른 능력을

많은 사람이 부러워할 것입니다. 불편함을 딛고 부족함 없는 사회인으로 살고 있다는 게 놀랍기만 합니다. 세상에 성은 씨 말고는 아무나 해낼 수 있는 일이 아니거든요.

몸이 아프신 어머니를 위해 흰죽을 끓이던 날, 뜨거운 냄비를 젓고 있었다는 이야기는 가슴이 뭉클했어요. 부모님에 대한 극진한 사랑을 느낄 수 있었어요. 죽이 식기 전에 갖다 드리고 싶은 작은 행동이 얼마나 힘든 일이었을지 상상해 보았습니다. 아무것도 할 수 없는 고통을 견디기보다는, 그렇게라도 빈곤한 정성을 들이고 싶었다는 마음에 또 한 번 울컥했었습니다. 죽을 드시면서 어머님은 얼마나 뜨거운 눈물을 흘리셨을까요.

오래전에 감상했던 알 파치노가 시각 장애인을 연기했던 영화 〈여인의 향기〉가 생각나네요. 소외되기보다는 적극적으로 삶을 대하는 멋진 모습이 머릿속에 오래 남은 영화입니다. 호텔 로비에 앉아있는 여인에게 다가가는 주인공은 여인의 향기만으로 얼마나 아름다운 여인인지 알게 되지요. 여인을 향해 손을 내밀고 여인은 잠시 망설이다가 그가 이끄는 대로 로비에서 춤을 춥니다. “탱고는 실수할 게 없어요. 인생살이와는 달리 스텝이 단순하죠. 실수로 스텝이 꼬인다 해도 그 역시 인생”이라는 말을 합니다. 검은 원피스의 여인과 멋지게 춤추는 그의 스텝은 꼬이지 않았어요. 그 모습을 비장애인들이 둘러서서 넋이 나간 듯 바라보고 있었습니다. 영화 속 어느 장면보다 깊이 박혀버린 통쾌하고 멋진 장면이었습니다.

미술관을 찾는 일이 평범한 일과라는 시각 장애인의 이야기를 들은 적이 있어요. 시각이 아닌 다른 감각으로 그림을 감상할 수 있다고 했습니다. 해설사가 옆에서 작품을 말로 옮겨 주는 것을 귀로 들으며 그림을 본다고 해요. 그가 관람객이 되면 조용하던 미술관이 다른 공간이 된다고 합니다. 놀라는 시선 뒤에 "보이지 않잖아." 했던 관객들이 그림을 감상하는 자세가 달라진다고 합니다. 그들도 눈이 아닌 다른 감각으로 낯설게 보고 새롭게 느껴보려는 것이 아닐는지요. 수필에 대한 집념으로 영혼의 글을 쓰는 성은 씨가 생각났었답니다.

수필이 그렇게 쓰여지듯이 성은 씨의 글도 가슴속에 고인 아픔을 토해낸 내면의 글이라는 것을 알고 있습니다. 수필로 승화시킨 책 한 권이 얼마나 힘들고 어려웠을까요. 아이 낳는 일보다 어려운 일이라는 말들을 하잖아요. 성은 씨가 만들어 내놓은 책이 세상에 같은 장애를 겪고 있는 사람들에게 아름다운 지향점 하나를 선물한 것과 다르지 않다고 생각해요. 비 오는 날, 발 딛고 선 곳이 어딘지 몰라 어둑한 길을 헤맸다는 성은 씨의 이야기처럼 목적지를 찾지 못해 방황하는 사람들에게는 이정표 하나를 세워준 것이나 다름없을 테니까요.

책 마루가 읽어준 책이 수천 권이라니요. 내게 원로수필가 한 분이 만 권의 책을 읽으라고 하셨어요. 머릿속에 글이 넘쳐나고도 남을 것이라는 말씀과 함께. 계산해 보았더니 하루에 한 권씩 읽으면

1년에 365권, 30년 동안 매일 한 권씩 읽어야 할 분량이었어요. 매일 책 마루와 함께하는 성은 씨는 충분히 해낼 수 있는 일이라 생각해요.

나와 다른 사람을 이해할 수 없는 것은, 그가 서 있는 곳에 내가 서 본 적이 없기 때문이라고 합니다. 눈을 감고 쓴 성은 씨의 책을 읽으면서 성은 씨의 가슴속에 남아 있는 크고 작은 편견에 대해 생각해 보면서 솔직히 부끄러운 마음이었습니다. 또한 나의 늘어진 일상을 돌아보는 시간이었어요. 에너지가 충만한 성은 씨의 문장 위를 걸으며 감사한 마음이었습니다. 덕분에 내 영혼의 키도 한 뼘 자랐을 테니까요.

수필의 길을 가는 성은 씨에게 큰 소망 하나 얹어 봅니다. 쉬지 않고 수필 쓰기의 길을 걸어 어두운 세상을 밝히는 작가가 되어 주기를 바라는 마음입니다. 좋은 엄마로, 남편에게 부담 주지 않는 강한 여자이고 싶은 바람도 다 이루어지길 기원할게요. 좋은 날 좋은 일로 만날 수 있기를 바라면서, 이만 쓸게요.

불광불급

〈김학 교수님을 그리며〉

'아름다운 만남'이라는 제목의 교수님 메일을 다시 읽어본다. 혼자 읽고 지우기에는 아까워 보낸다는 문장 하나를 여태껏 지우지 못하고 있다. '가장 아름다운 만남은 손수건 같은 만남입니다. 힘이 들 때는 땀을 닦아주고 슬플 때는 눈물을 닦아주니까요.' 당신의 마지막을 예견하신 듯 제자에게 보내신 메일이다. 멀리서 뜻밖의 부고를 접하고 놀랐던 날이 생각난다. 놀란 마음에 지인에게 전화로 확인하면서도 설마 하는 마음이었다.

이별의 순간은 하룻밤 사이에 찾아온다더니 허망하기만 했다. 수필이 있어 삶이 고맙고 행복하다고 말씀하시던 교수님이 사랑하는 가족들과 제자들에게 이별의 인사도 없이 떠나가셨다. 그토록 사랑하시던 수필과도 영원한 이별을 하신 것이다. 새벽 4시에 일어나 메일로 보내온 문하생들의 글을 교정하고 첨삭해서 다시 보내주시곤 하시던 교수님은 신간안내와 글감이 될 만한 정보들을 부지런히 모아 보내주곤 하셨다.

반백년 동안 수필계에 몸담고 수필만을 생각하며 사셨던 분이다. 제자들에게도 수필을 하루 세끼 밥 먹듯이 거르지 않고 꾸준히 읽어야 한다고 말씀하셨다. 무지한 백성들을 일깨우고자 하셨던 안중근 의사의 "하루라도 책을 읽지 않으면 입에 가시가 돋는다." 는 말씀과 포개어 듣곤 하면서 그 귀한 말씀 가슴에 담아두기만 했을 뿐, 실천에 옮기지 못했다.

교수님이 주신 고희기념 수필집 《나는 행복합니다》를 꺼내 본다. 수필가로서의 시작과 끝을 가지런하게 적어 놓으셨다. 책을 사서 읽는다는 것은 상상도 하지 못했던 학창 시절, 사촌 형 덕분에 당시 시인인 최승범 교수님 댁에 자주 드나들 수 있었던 일이 수필가로서의 운명이 시작된 계기였다고 하셨다. 먹을거리가 모자라 배가 고픈 것보다 읽을거리가 없어 허기지던 때 시집, 소설, 수필집, 평론집, 문예 잡지들을 닥치는 대로 읽을 수 있었다. 교수님 댁 책장에 꽂힌 많은 책을 마음대로 골라 읽으면서 문학의 수렁에 빠져버렸다고 했다. 교수님은 감미로운 시 구절을 밤새워 베끼면서 연애편지를 쓰기도 하셨다. 예술가의 첫 시작은 창조보다는 모방하면서 발전하고 진화하는 것인가 싶다. 그때 읽었던 많은 양의 독서는 문학의 깊이를 더하고 훗날 수필계의 거목으로 자리매김 하실 수 있었던 뿌리가 되었으리라.

1980년 《월간문학》에 〈전화번호〉라는 작품으로 신인상을 수상하셨으니 수필가로 등단하신 지 40년이다. 어림잡아 600여 편의 수필을 문단에 내놓으셨다. 교수님 저서 중에 여섯 권이 내 책꽂이에 꽂혀있다. 어마어마한 양의 글을 쓰신 것은 수필에 대한 사랑과 애착이 없이는 불가능한 일이다. 내 책꽂이에 꽂힌 여섯 권이 더없이 소중하다. 《수필의 길 수필가의 길》, 《수필아, 고맙다》, 《하루살이의 꿈》, 《손가락이 바쁜 시대》, 《쌈지에서 지갑까지》, 《나는 행복합니다》. 교수님이 생각날 때마다 꺼내 볼 수 있어 다행이다.

'불광불급不狂不及, 미치지 않으면 미치지 못한다.'라는 말씀은 교수님이 제자들에게 귀에 못이 박히도록 들려주시던 사자성어이다. 수필에 미쳐야 한다며 채찍질하시던 말씀이다. 미쳐야 이룰 수 있는 일이 어디 글뿐이랴. 학문이든, 예술이든, 경영이든, 재물을 모으는 일이든 온 힘을 쏟아야 목표한 성과를 얻을 수 있다. 온전히 몰두해서 스스로도 어쩌지 못할 만큼의 열정으로 수필을 써야 한다는 간절한 말씀이었다. 제자들이 뜨거운 열정으로 수필을 쓰는 모습을 보고 싶으셨던 교수님의 마음을 이제야 안다.

책의 뒷부분에 해외 한국문학 심포지엄에 〈행복한 글쓰기〉란 제목으로 발표한 글이 실려 있다. 수필은 쓰면 쓸수록 어렵다는 말씀이 눈에 띈다. 내가 쓴 글 앞에서는 늘 부끄럽고 민낯을 드러내는 듯해서 괴로운 것이 수필이다. 교수님은 글쓰기가 행복하다고 하셨다. 주제만 정하면 거미가 거미줄 엮어내듯이 쓰셨고, 더듬이에 닿기만 하면 수필 한 편이 뚝딱 써진다는 교수님은 진정한 수필가이셨다.

교수님은 '수필가는 조물주와 동격'이라 하셨다. 무생물에게 생명을 불어넣어 살아있는 존재로 만들 수 있기 때문이다. 버려진 돌맹이, 부러진 나뭇가지 하나, 창고 속에 처박힌 괭이자루, 하찮은 것을 문장 위에 올려놓는 일을 할 수 있는 것은 수필가뿐이라고 하셨다. 교수님 말씀대로 그런 꿈같은 날이 올 수 있을는지, 한숨이 절로 나온다.

수업 시작하기 전에는 어김없이 '칭찬' 시간이 있었다. 대상은 꼭 사람이 아니어도 되는 것이었다. 반복되는 일상에서 매주 칭찬거리를 찾고 숙제를 한다는 게 내겐 어려운 일이었다. 무엇보다 긍정적인 마음가짐으로 깨어있어야 가능한 일이었다. 주변에서 일어나는 소소한 이야기와 그 느낌을 발표할 때 귀를 기울여 주셨다. 체험이 녹아있는 칭찬거리는 글로 만들어 오라고 하셨다. 칭찬거리 찾기는 그것을 주제 삼아 수필로 빚어오기를 원하신 교수님만의 지도 방법 중의 하나였다. 좋은 수필 소재를 찾는 훈련이었는데, 나는 늘 그 숙제를 놓치곤 했었다.

책 말미에 행복한 글쓰기란 제목의 프롤로그를 다시 읽으며 새겨들어야 할 문장을 가슴에 담는다.

– 수필가는 시인이나 소설가, 극작가, 평론가 다른 어느 문인보다 더 철저한 한글 파수꾼이 되어야 합니다. 세종대왕이 창제한 한글을 제대로 지키고 발전시켜야 하는 게 바로 수필가들의 임무라고 생각합니다. –

– 나는 내 수필이 전주비빔밥 같기를 바랍니다. 시각적, 미각적, 영양학적으로 높은 평가를 받을 수 있는 음식이기 때문입니다. –

– 나는 내 수필이 역지사지易地思之의 문학이기를 바랍니다. 늘 입장을 바꾸어 생각해 보면서 나의 편벽된 시각에서 일방적으로 써지는 글이 아니기를 바라기 때문입니다. 또한 생활 주변의 소재로부터 세상만사를 아우를 수 있는 글이기를 바랍니다. 우수마발牛溲馬勃이 모두 수필의 소재이니만큼 수필의 영토를 가능한 한 확대해 나가고 싶기 때문입니다. –

카네기의 거실 벽에 걸려 있는 그림에는 커다란 나룻배에 노 하나가 그려져 있다고 한다. 그 그림 밑에 “반드시 밀물이 올 것이고 그날 나는 바다로 나아가리라” 는 글이 쓰여 있다고 한다. 수필의 영역을 확장시키고자 하시던 교수님의 간절한 바람이 넓은 바다에 가닿았으면 좋겠다. 문학계의 커다란 파도를 넘어 수필 세계가 밀물처럼 밀려올 그때를 기다리고 계시리라. 수필가가 된 제자들이 어떤 마음으로 무엇을 해야 할지 고민할 때인 것 같다.

교수님의 전화벨 소리는 가수 윤항기가 부르는 〈나는 행복합니다〉였던 게 생각난다. 수필이 있어서 늘 행복하셨던 교수님께 전화를 드리면 반갑게 받아 주실 것만 같다. 여럿이 모인 자리에서 잔을 높이 들고 "수필아, 고맙다, 수필을 위하여"를 건배하시던 교수님, 하늘나라에서도 부디 행복하시고 평안하시길 빕니다.

평설

견고한 인간애(人間愛)와 수필을 향한 열정의 미학

– 이형숙 수필가 『노래하는 시인들』을 읽고–

이해숙

에스프레소 커피를 내렸다. 포트에서 추출되며 내는 '꼬르륵 꼬르륵' 신호음은 소리조차 맛있다. 이보다 더 만족스러운 공간이 있을까. 모카 2인용 포트 '비알레띠'를 선물로 받았다. 커피 좋아하는 외숙모를 위해 이탈리아에서 사 왔다는 조카의 마음 씀씀이가 고마웠다. 아라비카 원두인 '라바짜' 황금색 커피 두 봉도 함께. 오늘 모악산은 남편 홀로 산행을 할 것이다. 쉬는 날 에스프레소를 즐기며 책을 읽을 수 있음이 세상 행복하다. 오늘은 산행보다도 이형숙 수필가의 첫 수필집, 『노래하는 시인들』을 읽을 요량이다. 경기전 홍매는 시절을 기다리고 있는데, 책 표지의 난분분한 붉은 꽃잎이 홍매를 연상시킨다.

수필이 인간학이라는 말은 익히 알려진 사실이다. 수필의 최대 관심은 인간이다. 사람은 자기 생각을 다양하게 그림으로, 음악으로, 글로 표현한다. 언어를 매체로 기록한 문학은 단순한 글이나 기호를 넘어설 때 가치를 더한다. 체험을 바탕으로 쓴 글에 인간을 향한 응시와 의미가 녹아들 때, 작가 자신을 감동하게 하고 작품을 대하는 사람들에게 공감의 여울 터를 마련한다. 이형숙 수필가의 신앙으로 점철된 인간을 향한 따뜻한 응시, 이는 자연과 생명에의 각별한 인식과 청량한 시선에서 비롯되었으리라. "쉰 살의 얼굴은 당신의 공적이다." 한다. 시냇물처럼 명랑한 말소리와 버들강아지처럼 온유한 표정에서 그의 삶을 짚어본다.

대여섯 해 전쯤, 남원에서 전주까지 수필 공부를 하러 다니는 이형숙 수필가를 알게 되었다. 직장인이 대부분인 야간반 수업을 위해 먼 길을 마다치 않고 꼬박꼬박 출석하는 열의가 놀라웠다. 진득하지 못한 나와는 대조적이었다. 끈기 있게 글공부하고 꾸준히 글쓰기를 이어와 드디어 결실을 본 것이다. 긴 시간 일관되게 해 온 작업이 짐작되기에 그의 노고에 박수를 보낸다. 작가가 수년간 공들인 작품을 며칠 걸려 곱씹으며 읽는 게 아니라, 하루 만에 수월하게 읽는 일이 마땅한가 싶다. 그러나 멋지게 보이려 꾸미지 않고 억지로 꿰맞춰 쓴 글이 아닌, 읽는 이의 호흡과 같은 흐름이라 편안했다. 타인을 위해 봉사하고 함께하는 삶이 가치 있고 아름답게 느껴졌다. 그에 비해, 가족 이기주의에 매어 편협하고 봉사할 줄 모르는 내 현재는 얼마나 남루한가.

생물학자이며 국립생태원장인 최재천 박사의 책『생명이 있는 것은 다 아름답다』를 읽고 쓴 〈노래하는 시인들〉은 크게 공감했다. 필자도 박사님의 위 책을 비롯해 네댓 권을 읽었다. 수필이 어떤 사실을 전하는 일에만 급급하다면 감동을 얻을 수 없으리라. 근간이 되는 정신이 바탕에 내재하여 있을 때 독자의 공감을 얻을 수 있을 터. 이형숙 수필가의 동물과 자연에 대한 깊은 관심과 사랑을 알아차릴 수 있었다. 감동이었다.

> 몇몇 동물들에 대한 것들을 기억나는 대로 적어본다. 봄이 되어서 해가 길어지기 시작하면 저마다 목청을 가다듬고 슬픈 세레나데를 부르는 수놈 새들은 대개 이른 아침 고요한 산속에서 시를 읊는다. 하나 같이 운율과 글자 수가 일정한 정형시를 쓰는 서정 시인이라고 한다. 아름다운 목소리로 운율을 맞추어 노래하는 새들의 시! 가던 길 멈추고 귀 기울이는 청중들은 아름다운 그들의 시낭송 소리에 감동하고 더없이 행복한 아

침을 맞는다. 왕귀뚜라미 소리는 꾀꼬리 노랫소리를 뺨친다. '호르르르륵 호 호 호' 하고 읊어대는 화려한 시 낭송회, 7년이 넘는 세월을 땅속에서 굼벵이 모습으로 보낸 노래하는 매미들의 통곡, 개구리와 맹꽁이의 시끌벅적한 시 낭송회, 여치와 베짱이의 날개 가장자리를 긁어대는 가슴 찡한 서정시의 노래 등.

〈노래하는 시인들〉 중에서

최재천 박사는 시詩에 대한 정의를, "자기의 정신생활이나 자연의 어떤 현상들을 보고 느낀 감동이나 생각을 운율을 지닌 간결한 언어로 나타낸 문학의 형태"라고 피력했다. '이 세상 동물들은 다 시인'이라든가, 그들의 언어를 알아듣기 위한 끊임없는 연구에 경의를 느꼈다. 무더위에 소나기처럼 쏟아지는 말매미의 처절한 울음을 그저 무심하게, '소음'이라 표현하곤 했으니. 짧은 생애를 불사르는 매미의 시낭송이었음을 작가는 다시 한번 일깨워 주었다.

천주교 신자인 이형숙 수필가는 천주교회에 새로 입교한 할머니에게 '교우의 의무와 기도하는 법을 가르쳐 주라'는 교회의 명을 받았다. 할머니를 방문해, 입교 동기를 여쭈니 "우리 영감 좋은 데 가라고 열심히 기도하고 싶어요." 하신다. 할머니는, 30년 전 집 짓는 목수였던 남편이 다른 여자와 살림을 차려 집을 나간 후, 30년이나 대문을 열어 놓고 남편을 기다렸단다. 그토록 기다리던 남편은 2년

전 병든 몸을 이끌고 돌아왔고, 할머니의 지극한 보살핌을 받다가 두 달 전에 사망했다. 원수 같았던 그 남편의 극락왕생을 기도하고 싶어 입교했다니 도저히 이해할 수 없는 할머니의 마음임을. 그러나 만남이 거듭되는 동안 할머니의 '배우자 사랑법'에 큰 깨달음을 얻게 되었다. 용서는 사랑의 다른 표현임을 알았고, 할머니를 통해 오히려 큰 가르침을 받았다고 한다.

> "영감 좋은 데로 가면 더 바랄 게 없어. 기도 더 많이 가르쳐 줘." 이 세상 떠나보낸 그 영혼의 편안함까지 기도하는 끝없는 사랑이었다. 아, 하느님은 이분을 통해서 나를 가르치고자 하심이었다. 용서와 끝없는 기다림으로 승화된 부부의 사랑을! 배우자란 하느님이 주신 가장 귀한 선물이라 여기며 세상 끝나는 날까지 서로 믿고 의지하며 살아가야 할, 단 한 사람 동반자라는 믿음이다.
>
> 〈끝없는 사랑〉 중에서

낡고 허름한 한옥, 철 지난 옷을 걸친 팔순의 할머니. 곤궁한 삶을 바라보는 애잔한 눈빛이 그려진다. 구불구불 밭두렁을 지나 간식으로 준비해 간 빵과 우유를 손에 들려 드리는 마음이 더없다. 수필만큼 작가의 삶이 적나라하게 드러나는 문학 장르가 있을까. 작은 나눔과 봉사가 되레 큰 감동을 불러온다. 그래서 글은 그의 체온이다. 그의 빛깔이다. 그의 삶이고 실상이다. 작가가 수용한 내면이 구체

화한 미학이다. 글은 곧 그 사람이다.

고부간의 갈등이 아들은 물론 친척들과 가족관계까지 악화시키는 사회 현상을 볼 때, 며느리가 아직 없는 나는 단단한 마음공부가 필요하리라 싶다. 그러나 염려할 필요 없이 작가의 글을 그대로 따라하면 문제없을 것 같다. 아들은 '손님', 며느리는 '귀한 손님'이라는 마음이라면 무어 문제 될 게 있을까. 신선한 충격이었고 생각할수록 현명한 처세라 싶다. 품 안에 자식이라는 말처럼 아들은 결혼하면 '손님' 반열이란다. 하나뿐인 며느리가 집안 행사에 빠지지 않고 찾아올 때마다 차례상 준비보다 손님 맞을 준비에 마음이 바빠진단다. 집 안팎 청소와 이부자리 준비, 들려 보낼 음식과 여비 봉투, 더불어 기도하는 마음마저 준비하는 시어머니.

> 말을 아끼고 조심하게 도와주소서. 귀한 손님에게 말실수해서 마음 다치지 않게 내 입을 지켜주소서. 며느리의 남자가 된 아들도, 아들의 여자인 며느리도 다 귀한 손님이다. 며느리를 생각할 때마다 나를 돌아보며 묻는다. 귀한 손님에게 대접받기를 원하는가? 아들에게 계속 엄마 노릇을 하고 싶어 하는가? 며느리를 독립된 여자로 인정하고 존중하는가? 손자에게 갖는 애정과 관심을 자칫 사생활 침해로 받아들일 수 있음을 알고 있는가? 정신적, 물질적 노후 대책은 되어 있는가?
>
> 〈귀한 손님〉 중에서

격조 있는 수필은 삶의 지혜가 스며있다. 그것은 단아하고 무리가 없으며 질박質朴하다. 삶에 대한 긍정적 의미와 에너지 또한 서려 있다. 이토록 지혜로운 시어머니를 어디서 또 만날까. 단언컨대 이 세상 다시없는 현명한 시어머니상이다. 후일 나의 '귀한 손님'을 상상하며 완벽하게 암기할 대목이려니 싶다.

글을 쓴다는 일은 곧 자기 나름의 삶을 영위하는 일이다. 성실하게 자신의 삶에 최선을 다하는 마음에는 타인을 의식한 허위나 과장을 찾아보기 힘들다. 〈소년과 홍시〉는 신앙심과 모성애를 통한 인간애의 극치를 보여준다. 글은 그 작가의 삶에 대한 해석이고 소망이며 견해다. 말기 암 환자들을 찾아가 기도하는 봉사자로 활동한, 후두암 환자 열다섯 살 소년의 이야기다. 생사를 넘나드는 몸부림과 힘든 통증으로 인해 내뱉는 신음은 환자는 물론 봉사자에게도 고문이고 고통 그 자체다.

깊은 신앙심과 모성애 없이는 감내하기 어려운 봉사. 일주일에 한 번 목욕하는 날이면 숨넘어갈 듯 소리를 질러대는 소년을 보고 어느 날 귀에 대고 "뭐 먹고 싶어?" 물어보니 "감! 감!" 해서, 집 냉동실에서 홍시를 목욕하는 날 맞춰 가져갔단다. 소년이 온 얼굴을 홍시에 파묻고 있는 동안 수월하게 목욕을 시켰단다. 얼굴과 들먹거리는 가슴 앞자락이 온통 홍시로 범벅된 소년, 목숨의 끄트머리를 잡고 눈물겹게 연명하는 여린 생명. 안쓰럽게 지켜보는 작가의 연민 가득한 눈빛이 선연하다. 찬비 내리는 날 병실을 찾았더니 아이는 없고 침대가 깨끗이 치워져 있었다. 예견은 했지만, 아이의 부재로 슬프기는 해도 일면은, 지긋지긋한 고통에서의 해방을 안도하며 그 영혼을 위한 기도를 올릴 수 있었단다.

> 누구에게나 찾아오는 마지막 순간, 피해갈 수 없는 그때가 자연과 하나 되는 것일 뿐이라는 법정 스님의 말씀을 곰곰 되새겨 본다. 그 아이는 자신의 고통과 죽음을 통해 내 남은 삶의 방향을 환히 보여주는 나침반과도 같다. 그 아이가 생각날 때마다 부디 까치가 되었기를 빌었다. 높은 하늘을 훨훨 나르다가 나뭇가지에 앉아 좋아하는 홍시를 먹었으면 하는 마음이다. 올해도 과일 가게 앞을 그냥 지나치지 못하고, 감 한 상자를 샀다. 눈 내리는 겨울밤 홍시를 꺼내 먹을 때마다 나는 그 아이가 생각날 것이다. 달콤한 홍시 하나에 온 세상을 얻은 것처럼 행복해하던 그 아이가….
>
> 〈소년과 홍시〉 중에서

작가의 수필은 편편이 유대감을 느끼게 하고 감동을 유발한다. 우리는 이 시대의 유목민이다. 잠시 하던 일을 멈추고 타인의 목소리에 귀 기울이고, 글 속에 빠져보면 또 다른 가치를 발견하고 위로를 받을 수 있다. 다음의 글들이 그것이다.

엄마에 대한 단상을 액자 수필처럼, 산문시처럼 쓴, '내 사랑 김 여사'

스냅사진으로 간직된 지난 시절을 다양한 색채로 나타낸,

'추억은 저마다의 색깔로'

담 넘은 호박 넝쿨로 전개된 이웃과 훈훈한 정을 그린, '호박'

끽다거(喫茶去)와 세한도(歲寒圖)가 걸린 친구의 갤러리 풍경,

'갤러리 禪'

한글의 우수함과 그에 대해 자부심을 역설한, '키릴문자와 바벨탑'

세계 문자 올림픽 대회에서 금메달을 수상한 한글 이야기,

'잠 타령 비 타령'

국내와 해외를 넘나들며 쓴 곳곳의 여행기 등 다양하게 수록된 수필을 읽으며 수필집 한 권이 주는 묵직한 포만감을 만끽했다.

꽃이 저마다 빛깔과 향기가 다르듯 우리는 저저마다 각자의 길은 간다. 십인십색十人十色처럼 화가는 그림으로, 음악인은 음악으로, 작가는 글을 통해 소통한다. 작가는 작품으로 말한다. 자랑해도 좋을 만큼 자녀 셋 모두 명문대를 졸업시켰고, 이 나라의 동량지재棟梁之材로 키웠음에도 내색 한 번 하지 않는 담담한 덕망이 새삼 놀랍다. 우리 인생에는 수많은 인연이 있다. 만나고 헤어지며 영원히 잊고, 잊힌 채 살기도 한다. 애써 기억하려 뒤척이지 않아도 생생하게 그리운 사람, 아름답게 기억되는 사람이 있는 것은 행복한 일이다.

이형숙 수필가는 누리며 살아도 좋을 연배임에도 가슴 속 심연에 서린 심성으로 베푸는 삶을 영위하고 있다. 남편으로부터 받은 '최고의 여인'이라는 칭송이라든가, 자녀들의 '엄지 척'은 공연한 칭찬이 아니다. 필자는 이 휴일 하루, 자기세계로 충만한 한 작가의 인생을 읽었다. 그의 수필쓰기는 내적 자유를 구가하는 신선한 열정이다. 인간적 향기의 발산을 모색하는 일이다. 문학은 사실을 규명하기 위한 수단이 아니라 보다 가치 있는 진실을 밝히기 위한 노력의 일환이다. '말보다 글로 먼저 써 내려가는 습관'을 살려 멀지 않은 날 선보일 또 다른 수필집을 고대한다. 작가는 지금 그의 문학의 열정적인 지향, 세상에 내놓을 '위대한 작품 한 편'을 구상하고 있을지도 모를 일이다.

이형숙 수필집

같이 걷는 사람들

인쇄 2021년 9월 05일
발행 2021년 9월 15일

지은이 이형숙
발행인 서정환
발행처 수필과비평사
주소 서울시 종로구 삼일대로 32길 36 (익선동 30-6 운현신화타워 빌딩) 305호
전화 (02) 3675-3885 (063) 275-4000 · 0484
팩스 (063) 274-3131
이메일 essay321@hanmail.net
출판등록 제300-2013-133호
인쇄 · 제본 신아출판사

저자와 협의, 인지는 생략합니다. 잘못된 책은 바꿔 드립니다.

ISBN 979-11-5933-356-9 (03810)
값 12,000원

Printed in KOREA